Massimo Cacciari · Zeit ohne Kronos

Massimo Cacciari

Zeit ohne Kronos

Essays

Herausgegeben und übersetzt von Reinhard Kacianka

Ritter Verlag

ISBN 3-85415-035-0
© 1986, Ritter Verlag, Klagenfurt, Alter Platz 25
© 1986, der Bilder bei E. Vedova, Venedig
und für P. Klee Cosmopress, Genf
Alle Rechte vorbehalten
Satz und Druck: Ritter, Klagenfurt
Umschlaggestaltung: Werner Hofmeister

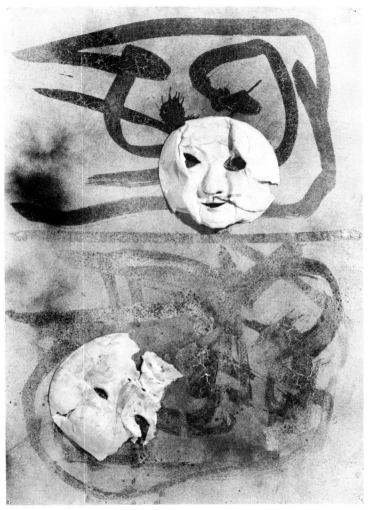

Emilio Vedova, Narziß, 1977/83, Malerei und Assemblage auf Karton und Holz, 103×73 cm

Luigi Nono gewidmet

Inhalt

Einleitung 9

Der Tod der Zeit 15

Chronos apokalypseos – Zeit der Apokalypse 27

Erinnerung an Karneval 41

Begriff und Symbole der ewigen Wiederkunft 65

Die profane Beachtung Musils 109

Notwendigkeit des Engels 123

Biografie 142

Einleitung

Die Essays, die ich in den letzten fünf Jahren geschrieben habe und hiermit erstmals in einem Band zusammenfasse, bilden, wie ich hoffen möchte, ein kompaktes Ganzes. Verschiedenen Denkansätzen folgend, aus den verschiedensten Perspektiven heraus drehen sie sich doch um ein und denselben Punkt: um die Formen einer möglichen De-konstruktion der (scheinbaren) Notwendigkeit der Zeit als Dauer, als Spanne von Momenten (von movimentum – movere), die auf indifferente Äquivalenzen reduzierbar sind. Im Essay über Nietzsche habe ich zu zeigen versucht, wie solche Notwendigkeit sowohl die zyklisch-kosmische wie die linear-„progressive" Konzeption der Zeit dominiert (Konzeptionen, die nur vordergründig ursächlich Athen und Jerusalem zuschreibbar sind, wie es S. Mazzarino in seinem *Historisch-klassischen Denken* meisterhaft gezeigt hat) und wie es schließlich nicht darum geht, sich zwischen der einen oder der anderen zu ‚entscheiden'. Ich glaube, daß das zeitgenössische Denken (das philosophische wie jenes künstlerische: das zeitgenössische Denken-Dichten) wesentlich von dem *Abenteuer* konstituiert wird, das darauf abzielt, die Grenzen des Gottes Terminus zu überschreiten, die Zeit als gegenwärtige, gleichzeitige Schichtung der Zeiten wieder-einzubilden, deren jede ein System begründet und ‚monadisch' darstellbar ist. Die Zeit erscheint nicht mehr als Übergang von Nyn zu Nyn, von Momentum zu Momentum, sondern als Komplex von Ausschnitten (tempus von temnein, schneiden), von nicht reduzierbaren Singularitäten. Jetzt beginnt eine Gegenwartsebene von Ereignissen zu fehlen, die darin vereint sind, *eine einzige* Vergangenheit und *eine einzige* Zukunft zu haben. In ihrem Komplex (vielmehr in jenem Komplex, den wir von Mal zu Mal ausschneiden können) sind Vergangenheit–Gegenwart–Zukunft gleichzeitig und fortwährend *im Spiel*.

In diesem Abenteuer entdeckt das zeitgenössische Denken-Dichten aber grundlegende traditionelle Motive wieder oder läßt sie sogar wiederaufleben – es steht, wie Ranke sagte, von Angesicht zu Angesicht mit jener Vergangenheit, die genau deshalb die tote Maske des „es war", des ‚Gewesen-Seins' verliert. Eines der Hauptanliegen meines Buches besteht genau darin, die grundlegenden Züge dieses von ‚Angesicht zu Angesicht' aufzuzeigen (und schließlich – indirekt – zu zeigen, wie sehr die Darstellung des Zeitgenössischen ganz im Lichte der Begriffe von Rationalisierung und Säkularisierung bloße Willkür ist), nicht nur in der von Benjamin in seinen Thesen *Über den Begriff der Geschichte* vorgegebenen Richtung, sondern auch in der von Aby Warburg vorgegebenen, dessen „profane Manie" (die von seinen Schülern sosehr gezähmt wurde) einen der wichtigsten Bezugspunkte meiner Arbeit darstellt. Ich glaube, daß meine Arbeit sowohl von der philosophisch-diskursiven Dimension als auch von der ikonologischen Dimension geprägt wird (mit welchem Ergebnis, mögen die Leser beurteilen).

Der erste Essay, der gewissermaßen die ausführliche Einleitung des Buches, beinahe die „Titelgeschichte" ist, und der zweite, der dem Begriff der Apokalypse gewidmet ist, bringen eine Erörterung der „veritas filia temporis", der Wahrheit als Tochter der Zeit. Ich habe gedacht, daß genau dieser *Topos* in den Bildern von Hogarth und Goya der Sache auf den Grund geht (im wörtlichen und tiefsten Sinn des Ausdrucks). Sie enthüllen die grundlegende Bedeutung des Topos: der Zeit-Kronos offenbart in seinem eigenen Fortgang die *Wahrheit* seines eigenen Sterbens. Die Wahrheit, die die Tochter der Zeit ist, ist die Wahrheit des Todes der Zeit: Denn Kronos ist zugleich mit dem letzten Rauch aus seiner Pfeife, zugleich mit seinem letzten Opfer, dem Tode geweiht. Im Verschlingen jeglicher Erscheinung enthüllt die Zeit als letzte, essentielle Notwendigkeit ihre Selbst-Zerstörung. Oder: Die Zeit selbst stellt sich als Erscheinung heraus. Die Wahrheit, die Kronos offenbart, ist die Wahrheit, die seine Un-Notwendigkeit bekräftigt. Die Zeit als Kronos verurteilt sich selbst zum „consummatum est", zu dem sie jedes Geschöpf verdammt hat. Darin liegt der wahre Grund saturnischer Melancholie, des *temperamentum melancholicum* von Kronos. Aber genau diese Betrachtung bildet den entscheidenden Antrieb für die gesamte Arbeit. Genau dieser scheinbare Höhepunkt der Zerstörungswut der Zeit, weil er den Tod der Zeit bezeichnet, kann der Anstoß zu ihren anderen Bildern, die frei von Kronos sind, sein. Dies wird nicht eine Apokalypse als Schlußmoment, als ‚Mythos' des letzten Endes der Welt, als *eschaton* im chronologischen Sinn sein, sondern eine Apokalypse als eschatologische Dimension jeder Jetzt-Zeit – eine Apokalypse, die im *atomon* (en atomo) jedes Augenblicks besteht, die uns ihm überantwortet (wir müssen uns gegenüber der eschatologischen Dimension jedes Augenblicks verantworten: Dieses Motiv hallt in den verschiedensten, nachgerade widersprüchlichen Zusammenhängen zwischen Barth und Bultmann, Heidegger und Benjamin nach).

Das genügt, um als immer wiederkehrendes Thema meines Buches die Idee des Augenblicks als Gegensatz zu jener des Movimentum-Moments zu begreifen. Es verknüpft sich unlösbar mit jenem der Ent-scheidung. Die Zeit ‚ohne Kronos', die Zeit des Ausschnittes, der Jetzt-zeit ist die Zeit der Entscheidung, die Zeit erfüllter Verantwortlichkeit angesichts der eschatologischen Kraft, die jedem Augenblick innewohnt. In *Begriff und Symbole der ewigen Wiederkunft* suchte ich zu zeigen, wie das „abgründliche Denken" Zarathustras eben dies (und *nicht* einfach die ewige Wiederkunft) denkt: den Zusammenhang zwischen Augenblick und Entscheidung. Dieses Symbol begründet das Problem des „abgründlichen Denkens".

Die Zeit ‚ohne Kronos' zeigt schließlich nicht die Perspektive einer ek-statischen Befreiung *von* der Zeit an. Die Zeit des Augenblicks und der Entscheidung ist Jetzt-zeit, ist unwiederholbare Singularität dieser Zeit des Hic et Nunc und damit Zeit der Kreatur, des endlichen Daseins (sei es jenes gottlose von Heidegger, jenes Pascals, Dostojevskijs oder Rosenzweigs). *Aber* (jenes *Aber* von Rosenzweig, das das ganze

Buch geradezu „rhythmisiert") genau diese Zeit hat (wenn auch nur eine schwache) ek-tropische Kraft. Sie kann ‚apokalyptisch' eingebildet werden, oder sie kann dem Engel gesagt (zugetraut-anvertraut) werden. Das Thema des Engels ist jenes der möglichen Darstellung der Idee einer Zeit, die frei von Kronos ist, das heißt: einer Zeit, die *polemos* (Krieg) ist, der sich zwischen der entropischen und der ektropischen Dimension immer wieder erneuert.

Auch bei Musil gibt es das Thema des Engels. Genau am Ende des Kapitels, das ich ins Zentrum meiner Erörterung gestellt habe *(Ulrich und die zwei Welten des Gefühls)*, schreibt Ulrich einige Zeilen einer Auswahlausgabe des „alten Metaphysikus" Swedenborg ab. Sie handeln (einer jahrhundertealten Tradition folgend, die auch bei Dante zu finden ist) von der Fähigkeit der Engel-Geister, sich unmittelbar dort zu befinden, wo es ihnen „gefällt"[*]. Sie wissen nichts über Zeit und Raum, von Annäherung und Entfernung, „weil im Himmel weder Jahre noch Tage, sondern Zustandsänderungen herrschen". Sicher, Ulrich lächelt über die Worte des „gelehrten Ingenieurs" aus Stockholm, der vom Himmel und von den Engeln so bestimmt spricht, „als wären es Stockholm und seine Bewohner". Wir können uns solch freies Herbeirufen der Zustände, die nicht von Intervallen, Pausen, Leere unterteilt sind, nicht anders vorstellen als innerhalb der Zeit des Trauerspiels und der Allegorik seiner Figuren. Aber auch Ulrich sucht in seinen „heiligen Gesprächen" mit der Schwester, überall und trotz allem, gerade ein mögliches Bild jener Ewigkeit als „einen unendlichen Zustand, nicht eine unendliche Zeit", in der die Vorstellung der Engel besteht.

Daher ist unser Zustand unendlich *doppelt*, und auf doppelte Weise nicht bestimmbar ist auch die Welt unseres Gefühls. Aber ist nicht genau dies das ‚Wunder', daß innerhalb diesen Zwiespalts (Karneval *und* Trauerspiel) der Mensch stark ge-

---

[*] Das Thema des Engels wird in meinem letzten Buch *Angelo necessario (Der notwendige Engel)*, Mailand 1986, ausführlich behandelt.

nug ist, sich das „lauter Schweigen" jedes besitzergreifenden Denkens vorzustellen, das *gesamte Schweigen* des gefräßigen Rades der Zeit zu hören? Besteht das ‚Wunder' nicht in der außerordentlichen Kraft, die notwendig ist, solches Schweigen zu vernehmen? Ich wage zu hoffen, daß diese Gedanken tatsächlich weder verschwommen esoterisch noch der Diskussion um den Begriff der Zeit fern erscheinen, die heute die verschiedenen Disziplinen beschäftigt. Meine Forschung dieser Jahre fand wesentliche Anregung einerseits in den Arbeiten der neuen Physik und der neuen Epistemologie und andererseits in den geschichtsphilosophischen Arbeiten von Blumenberg, Koselleck und anderen. In diesem Rahmen habe ich einige dieser Autoren zu analysieren versucht, die die Herrschaft von Kronos radikal in Frage gestellt haben, die es gewagt haben, sich Kronos' Tod vorzustellen. Und diese ihre Vorstellungen, die *so voll des Vergangenen sind*, habe ich versucht als eine *uns mögliche Zukunft* zu zeigen.

Massimo Cacciari
Venedig, im Oktober 1985

William Hogarth, 1764, 26×32,5 cm

Der Tod der Zeit

Auf den ersten Blick scheint die Figur der Zeit dem Blatt von Hogarth zu entsteigen. Diese Figur hat eine schon geheiligte Tradition. Kronos ist „ein böser, schmutziger, schwerfälliger Alter", beflügelt nach dem Spruch „volat irreparabile tempus" („unwiederbringlich verfliegt die Zeit"), der „inmitten einer Ruine"[1] liegt, inmitten dessen, was seine Sense verwüstet, zerstört, aufgebraucht hat. Alle Dinge, Beute der Zeit, stürzen zu Boden. Eine unüberwindliche Schwerkraft hat sie hernieder gezogen. Alle ‚Werte' der Welt haben sich als sterbliche Produkte der Zeit erwiesen. Am Ende sind sie nicht mehr als Kronos' Trophäen. Und genau dieser traditionellen Ikonologie der Vanitas vanitatum[2] folgend, stellt Hogarth diese ‚Werte' dar: den ausgeraubten und leeren Geldbeutel des Geizes, den geschmückten Bogen Amors und die zerbrochene Krone, die gefallenen Symbole der Kunst und des Krieges (die Palette und das Gewehr), die gesprungene Glocke, die niemanden mehr rufen kann.

Links im Bild, zu Füßen des Grabsteines: ein versiegeltes Dokument – eine notarielle Verfügung von außerordentlicher Bedeutung – kündet vom Bankrott der Natur („Nature Bankrupt"); das Siegel liegt auf der letzten Seite eines offenen Buches: „exeunt omnes" („alle gehen ab") – die Komödie ist zu Ende (dieses „all the world's stage", „die ganze Welt ist Bühne"[3], und hier ‚übersetzt' Shakespeare Plotin), sie hat ihr schreckliches Verlangen nach Fiktionen, Erscheinungen, Götzen, Träumen und Streitereien schließlich erfüllt. „The Times" brennen – das Blatt von Hogarth (eine Radierung aus dem Jahr 1762) wiederholt mikrokosmisch die Ekpyrosis (Entflammung), die makrokosmisch als Motto dargestellt ist. Emblemartig steht dieses Motto im Mittelpunkt der Radierung, wo einmal eine lustige Kneipe gewesen sein mußte, die sich „Zum Ende der Welt" nannte. Was von der Taverne überbleibt, ist das Holzgerüst, an dem der Sinnspruch aufgehängt ist. Dieses Holzgerüst gleicht einem Galgen, den man im Hintergrund undeutlich erkennt. „Le pendu", der Gehenkte, stellt die einzige menschliche Figur in dieser Arbeit dar – und er ist der letzte Mensch.

Aber die Katastrophe trifft nicht nur die Zeichen des Menschen, seine ewig scheinenden Werte wie Haus, Grund und Boden, sondern auch die erhabensten Bewohner des Himmels: der Todesschlaf bringt das Rad der Sonne zum Stillstand, läßt das letzte bleiche Viertel des Mondes untergehen. Sonne und Mond versenden ihre letzten Strahlen und lassen noch einmal kurz die Verwüstung der Zeit im Lichte erscheinen. Das Thema „Der Tod der Sonne"' wird breiten Raum in den Ängsten zeitgenössischer Vorstellungen einnehmen. Hier findet es vielleicht erstmals seinen Ausdruck.

Über diese Arbeit von Hogarth schrieb Sedlmayr[5] einen meisterhaften Essay, dessen Perspektive aber meiner entgegengesetzt ist. Er sah darin ausschließlich diabolisch-profane Inspiration (einen deprimierenden Beweis für den Verlust der Mitte und des Lichtes, der – wie man weiß – für den Autor das Charakteristikum des hoffnungslosen Abenteuers zeitgenössischer Kunst ist). Sedlmayr sieht im *Testament der Zeit* die folgende Aussage: Alles ist schon einmal dagewesen, es gibt nichts mehr in der Zukunft, nichts wird sich mehr ändern. Aber wenn etwas bereits gewesen ist, wird Goethes Mephisto sagen, ist es, als ob es niemals existiert hätte; seine Existenz war nur bloße Erscheinung. „Vorbei, ein dummes Wort, es ist so schön, als wär' es nie gewesen". Und *Nichts* sind demnach auch die Wesen, die sich als Trophäen der Zeit darstellen. Was die Zeit aufgebraucht hat, ist in Wahrheit Nichts. Die Zeit kann nur Nichts zerstören. Die Tat von Kronos läßt nur offenkundig werden, was das Wesentliche des Wesens begründet: sein völliges Nichtigsein. Die Zeit kann nur das Sterbliche zum Tode verurteilen; sie kann bloß Nichts zu Nichts bringen. Diese Überlegungen sind in ihrer Komplexität wichtig, um die Allegorie des Werkes zu verstehen (um davon ausgehend das eigentliche Thema zu erklären: den Tod der Zeit). Halten wir vorläufig fest, daß sich darin nicht einfach das Bereits-Gewesene, das Schon-Vollendete ausdrückt, sondern dieser apokalyptische Augenblick, dieser *chronos apokalypseos*, die apokalyptische Zeit, in der sich die Dinge als Nichts herausstellen: die Kerze, die „The Times" in Flammen setzt, ist bereits entzündet; die Pfeife der Zeit raucht noch; noch strahlt der Sonnenwagen ein letztes Leuchten ab. Das ist der Augenblick, in dem alle Dinge den letzten Hauch ihres tatsächlichen Scheins von sich geben. Alles wird auf Rauch reduziert, aber dieser Rauch hat im Bereich der Welt als Darstellung noch Bestand.

In diesem Zusammenhang können wir eine erste Ebene der Lesart des Werkes von Hogarth ausmachen. Sie entspricht einem ersten Stadium des beißenden Humors von Hogarth. Dieser Humor richtet sich gegen die Bilder und Figuren des Erhabenen. Alle Zeichen, die in der traditionellen Ikonologie den Sieg der Unsterblichkeit darstellen, all diese Zeichen kommen in diesem Bild zu Fall. Sie stürzen gemeinsam mit den Zeichen, die typisch für die Vanitas vanitatum sind, zur Erde: die Zeit spart nichts aus. *The Bathos*, so der Titel der Radierung, heißt auf griechisch Tiefgründigkeit, abgründliche Tiefgründigkeit. Im Englischen bedeutet das aber nur Sentimentalität und Pathos. Erhabene Dinge ermuntern hier zu einem Lachen, wo gewöhnlich weinerliche Sentimentalität und verwischte, obskure Allegorie herausgefordert wird. Ein einziger Wirbel erfaßt Palette und Glocke gleichzeitig mit alten Bürsten, Pfeifen und durchlöcherten Säcken. Die Selbstironie dieser Komposition (das Bild ist „den Händlern obskurer Bilder" gewidmet und als Beispiel der Verwirrung ausgewiesen, die die erhabensten Themen betreffen, wenn sie auf profane, absurde und obszöne Weise abgehandelt werden) wendet sich auch gegen die Idee irgendeines Erhabenen in den Dingen der Welt, das einem Ende als Beute des gefräßigen Rades der Zeit entzogen ist. Kein Ding dieser Welt vermag den vorwärtsfliegenden Schopf der Zeit zu fassen, um seine Chance zu erhöhen, der Zeit selbst entweichen, entgehen zu können. Dies könnte nämlich nur Kairos genannt werden. – Diesen Kairos begreifen wäre Virtus.

Hogarth hat hier Kronos selbst mit dem Zeichen des Kairos charakterisiert (der Knabe der Skulptur von Lysippos mit den geflügelten Fersen, der sich in Fortuna oder den römischen Occasio verwandelt und dann in die nackte Frau, die auf einer Kugel oder einem Rad schwer Gleichgewicht hält oder im unsicheren Meer schwimmt; diese Figur ist aus vielen Bildern des Mittelalters und der Renaissance bekannt). Diese Charakterisierung dient dazu, um einerseits die Unflexibilität der Zeit-Arbeit deutlich zu machen (die wie der Zufall überrascht, absolut unanfechtbar; ihre Entscheidung ist jeder Erörterung entzogen und unwiderruflich) und andererseits die Vergeblichkeit der Vorstellung zu zeigen, daß es eine Tugend (*virtus, techne*) gäbe, die in der Lage wäre, der Zeit zu widerstehen. Im Angesicht Kronos' bleibt freilich das Zeichen des flüchtigen, kurzen und entscheidenden Momentes göttlichen Glanzes: Kairos. Aber wer könnte ihn jetzt überhaupt noch erfassen, jetzt, wo der einzige Mensch der Gehenkte ist? Die Zeit selbst hat die Möglichkeit von Kairos zerstört. Besser gesagt: sie hat sich seiner bemächtigt. Kairos hat sich in eines der Zeichen Kronos' verwandelt, ist sein Eigentum geworden und ist daher wie alles Eigentum der Welt zum Tode geweiht.

Andererseits zieht die ‚Vermischung' von Kronos mit Kairos eine andere, entscheidende Konsequenz nach sich: indem Kairos das genaue Gegenteil von Aion-Ewig ist, von Zeit, wenn sie die Prägung des Seins bekommt und sich als große, einzigartige Epoche erfüllt, sieht sich Kronos, nachdem er sich die Eigenschaften des Kairos angeeignet hat, vor der Unmöglichkeit, auf etwas zu bestehen. Die *sedes rotunda* (der runde Sitz) Fortunas wird nun Sitz der Zeit selbst. In dieser Wut des Entschwindens kann ebensogut der Augenblick des glücklichen Kairos gegeben sein, aber ihn könnte niemals jemand erreichen: die Zeit, die solch einen Moment darbietet, ist gleichzeitig die Kraft, die sein Erreichen verhindert. Bis zu diesem ‚fin de partie', bis zum Ende dieses letzten Aktes, den das Blatt von Hogarth offenbart: „exeunt omnes".

Aber, und das ist das ‚Wunder', unter den Protagonisten, die auf den Plan treten, befindet sich die Zeit selbst, diese Gestalt der Zeit als Kairos, der Zeit, die dem Aion-Ewig entgegengestellt ist, in allen möglichen Bedeutungen. ‚Finis' verkündet die Zeit von sich. Ihre Sense ist stumpf geworden; die Sanduhr an ihrer Seite hat aufgehört, das Verstreichen der Zeit zu messen. Die Rolle, die sie lose in der Hand hält, ist ihr eigenes Testament: „Ich hinterlasse alles, was sich in meinem Besitz befindet, nicht Gott (das sind die gelöschten Worte), sondern dem Chaos, das ich als meinen einzigen Erben bezeichne". Klotho, Lachesis und Atropos unterschreiben die Verfügung als Zeugen.

Wie ist dieser Vorgang – seinem Wesen nach ironisch – denkbar, in dessen Verlauf das wesentlich zerstörerische Prinzip, die Kraft, die alles zerstört, sich schließlich selbst verbraucht, aufbraucht, sich selbst am Ende sogar als nichtig empfindet? Welche Probleme und Rätsel gibt nun das Werk von Hogarth tatsächlich auf? Genau darin besteht der Grund, warum sich jede bloß ikonologische Interpretation (wenn sie auch die Motive Sedlmayrs korrigiert und anreichert) auf eine hermeneutische Erörterung einlassen muß.

Wie wir bereits betont haben, läßt sich in der Komposition von Hogarth kein einziges Symbol von Aion-Ewig ausfindig machen. In ihr scheint jenes ‚Reich der Mitte' und selbst jene ‚engelsgleiche' Dimension des Seins erschüttert, für die das göttliche ‚Nunc stans', das „Hodie", mit dem ‚Nunc fluens' der Kreatur, mit ihrem Dies[6] in Beziehung steht. Der Moment dieser Komposition ist einzig jener, der um einen Hauch (dem Rauch der Pfeife) dem Tod des Lichtes, dem Dunkel des Chaos vorangeht. Diese Zeit steht nur mit Chaos in Beziehung. Sie ‚kommt' nämlich nicht von Gott und ‚geht' nicht zu Gott, sondern verstreicht von Nichts zu Nichts: erstattet dem Nichts den vergänglichen Schein der Dinge zurück, der dem Nichts angehört. Kairos war das unverhoffte Wirksamwerden Gottes in uns; Kairos war der ‚Zusammenfluß zweier Meere', der die Kette des bloßen Dis-kurrierens der unendlichen Nyn aufhob, die die Zeit unterteilt. Diesen ‚Zusammenfluß' hat die christliche Ikonologie wesentlich in der Geburt Christi vereinnahmt („Blick in den Himmel und du siehst die Luft erfüllt mit Erstaunen, betrachte das Himmelsgewölbe und du siehst es geschlossen; unbewegt die Vögel des Himmels", Buch Jakob 18, 2). Die Jungfrau Odeghítria aus der Ikone weist auf das Kind als solchen Kairos hin, das uns – *kata karin*, gnädig – überrascht hat und noch einmal zurückkehren muß, um uns zu überraschen, „wie ein Dieb in der Nacht", um die gesamte Schöpfung vollkommen auf sich zurückzuführen. Bei Hogarth bricht die radikalste Vorstellung der Kenosis dieses ganzen Universums von Ideen und Traditionen ein. Seine Verdunkelung, seine Preisgabe ist umso verzweifelter, desto bewußter sie ist (wie die Tatsache zeigt, daß der Name Gottes im Testament von Kronos ganz gelöscht wird). Die Apokalypse begründet weder einen neuen Himmel noch eine neue Erde, sondern sie enthüllt die Nichtigkeit des Wesens als solches, sie offenbart die absolute Souveränität des Nichts über das Wesen. Das „keine Zeit mehr" der Apokalypse bedeutet das Entstehen des Reiches von Hodie, des ‚pleroma' (Erfüllung) von Hodie. Im Bild von Hogarth herrscht hingegen völlige Verzweiflung angesichts der Unmöglichkeit, den Sturz der Zeit einmal anzuhalten.

Wie kann man sich aber vom ‚consummatum est' erlösen, wenn die Zeit wesentlich Verbrauch ist? Wenn die Zeit einzig aus der Sterblichkeit und Vergänglichkeit des Wesens besteht? Wenn sie sich nur als der Pfeil äußert, der alles Wesen zum Niedergang und Tod bestimmt, wie könnte da ihre eigene Dimension am Ende alles ‚Konsumierbaren' überleben? Denn eine Zeit, die nicht nur keinen Augenblick, keine Epoche, keine Re-Kreation, sondern auch keinen Aufschub kennt – also eine Zeit, die sich auf der Sphäre von bloßer Occasio dreht –, das ist eine Zeit, die sich selber verschlingt.

Im *Quinta del Sordo*-Zyklus *sieht* Goya diese ‚Torheit' der Zeit; ganz im Unterschied zu Hogarth ist bei Goya auch der Körper des Kronos abgemagert. Bei Hogarth ist der Körper

Goya, Saturn (aus dem Zyklus Quinta del Sordo), Öl auf Putz auf Leinwand übertragen, 146 x 83 cm

der Zeit noch kräftig, nicht mit den Dingen gealtert, die er verschlungen hat. Kronos hat sich nicht mit den Dingen verflüchtigt, die er schwinden hat lassen, sondern er findet sich jählings ganz vor dem Nichts, enteignet. Er hatte ein Testament vorbereitet, in dem er Gott seine Kreaturen hinterläßt – aber es gibt nichts mehr, Gott zurückzuerstatten. Und in diesem Moment erkennt man, daß die Dinge von Nichts und nicht von Ihm abstammen. Der Goyasche Kronos kämpft hingegen verzweifelt ums Überleben, ist in dem Moment gebannt, in dem er sein letztes Kind verschlingt. Die Augen sind Ausdruck seiner Torheit. Große schwarze Augen starren auf das Nichts, das nun droht. Um überleben zu können, ist die Zeit gefräßig, in ihrer immer unersättlicheren Gier verschont sie nicht einmal mehr ihre eigenen Kinder. Um zu überleben, zerstört sie auch die einzige Gewähr für ihr Bestehen. Dasselbe Prinzip, das ihre Existenz begründet, verurteilt sie zum Tode. ‚Torheit' eignet der Zeit, die, um leben zu können, aufbraucht und zerstört: Wahnsinnig rennt sie ins eigene Verderben. Im verzweifelten und blinden Lebenswillen äußert sich ein Todestrieb.

Diese Sicht kann ein befreiendes *Lachen* hervorrufen, das sich vom ‚diabolischen' unterscheidet, das uns auf der ersten Betrachtungsebene des Hogarth-Bildes kam (das chemisch-zersetzende Lachen jener Ironie, die Hegel an der Romantik kritisierte). Dieses befreiende Lachen ist ein *risus paschalis:* ein Lachen, das die Torheit der Zeit offenbart und dadurch ihren selbstzerstörerischen Mechanismus bloßlegt. Es ist nicht länger das ausschließlich Schmerzhafte und Trauervolle der Spiele und des Karnevals von Goya (und vor Goya auch von Hogarth), mehr Lemuren als Carneval, sondern das Lachen von dem, der in demselben Bild von Kronos edax, dem allesverschlingenden, dem gefräßigen, dem unwiederbringlichen, nur Erscheinung, Maske, nur einen Namen[7] zu erkennen beginnen kann. Nicht länger sind nur wir die Narren-Genasführten der Zeit; nicht länger sind nur wir die Toren, die die Unendlichkeit der Nyn (in Beziehung mit der Symbologie der zahlreichen *Zeitglockentürme* des Mittelalters) zu messen gezwungen sind. Nun ist die Zeit selbst der Tor, der Possenreißer, ein Zauberer, der sinistre Verrückte. Verleitet das Bild von Hogarth nicht zu diesem Lachen? Genau diese Weltanschauung, die notwendigerweise dazu führt, die Zeit als absoluten Souverän zu begreifen, verweist auch sie auf ihre unüberschreitbaren Grenzen. Indem diese Vorstellung der Zeit als einzigem Weltherrscher huldigt, hat sie diese an die Grenzen der Darstellung gedrängt und sie in den Zeiten des Konsums eingekerkert. Die gleiche Weltanschauung, die das Wesen als Nichts erachtet und es ganz der Zerstörungswut ausliefert, endet notwendigerweise in der Vernichtung der Zeit selber. Aber man muß dieser Wut widerstehen, ihrem Strom trotzen. Der ‚tempus edax‘, die gefräßige Zeit, entdeckt in seinem Werk die bloße Götzen-Natur der Werte dieser Welt. Daher hat der ‚tempus edax‘ mit der Wahrheit zu tun, mit der Dimension der Aletheia (einem antiken Adagio gemäß, das unendliche Male im Mittelalter und in der Renaissance abgewandelt worden ist), und zwar folgendermaßen: Die gefräßige Zeit enthüllt die Nicht-Wahrheit menschlicher Ansprüche auf unsterbliche und unveränderbare Werte. Der Augenblick jenes Lachens, der uns zu befreien beginnt, ist nur erreichbar, wenn man die anti-idolatrische Wahrheit, die die zerstörende Zeit darstellt, begreift.

Die Apokalypse hat zwei Gesichter[8]: Einmal das zerstörerische, das Hogarth und Goya darstellen. Hogarth in Form zersetzender, destruktiver Ironie; Goya in den Farben tiefster, unermeßlicher Trauer: es gibt keine bedrückendere Darstellung dieses Antlitzes der Apokalypse als in dem Goya-Bild aus der Serie des schwarzen *Quinta del Sordo*-Zyklus, in dem ein Hund bis zum Hals in die unbestimmten Elemente des Chaos eingetaucht in die Höhe schaut und in das Schweigen, in die Leere, die das Chaos sind, heult. Das andere Antlitz der Apokalypse enthüllt eine re-kreierende Kraft. Von dieser zweiten Kraft erfahren wir bei Hogarth nichts, außer daß sie unvorstellbar ist, ohne jene erste bis zur Neige ausgekostet zu haben, bis zum letzten Tag, bis zum „exeunt omnes".

Aber damit eine Zeit sein, damit eine Zeit greifbar sein kann, die nicht zum Tode verurteilt, die nicht für den Tod geboren wird, ist es notwendig, die Zeit selbst von der Vorstellung zu befreien, die ihr der absolute Souverän gegeben hat. Wenn das Wesen Nichts ist, wenn alles nur Nahrung der Zeit ist, wird die Zeit nur sterblich sein. Wenn das Wesen seine eigene Zeit haben kann, wenn eine Zeit dieses Wesens vorstellbar ist, zwar dieses begrenzten Wesens, dieser endlichen Kreatur, dann kann die Zeit nicht darauf reduziert werden, unbarmherzig abnehmende Bewegung zunehmenden Verbrauchs aller Energie bis zum ‚Tod der Sonne' zu sein. Eine Zeit, die keine Augenblicke, keinen Einhalt kennt, in dem sich die Energie des Wesens re-kreieren kann, an die sie gebunden ist, solche Zeit führt notwendigerweise zu ihrem eigenen ‚finis'. Die Zeit bloßen Konsums giert nach sich selbst. Und wenn sie sich niemals im Leben re-kreative Möglichkeit gewähren wird, wird nicht einmal die Auferstehung oder Apokatastasis ‚danach' vorstellbar sein. Wenn unsere ‚scheinbare' Zeit nur Zerstörung und Konsum bedeutet, als Offenbarung der Nichtigkeit des Wesens, wie könnte und warum sollte dieses Nichts jemals wiederauferstehen? Die Idee der Auferstehung selbst ist untrennbar mit der Idee möglicher Augenblicke von Re-kreation in der der Kreatur eigenen Zeit verbunden. Diese Augenblicke offenbaren, daß das Wesen nicht nur im Movimentum des Werdens liegt. Jede nur ‚religiöse' Vorstellung von Auferstehung ist nichts als hilflose Tröstung angesichts der unabwendbaren Sterblichkeit des Wesens, solange es nicht gelingt, im Leben des Wesens die Möglichkeit des Augenblicks, des Ek-tropischen zu zeigen. Wenn die Form des Re-kreierens ‚hier unten' beinahe nicht vorzeigbar-vorstellbar ist, dann ist alles und die Zeit von allem nur flüchtiger Schein, Torheit, deren Ende mit Ungeduld abzuwarten ist.

Schließlich gibt es da die unsagbare Hoffnung, die sich im Blatt von Hogarth (und im Blick des Hundes bei Goya) bewahrt: daß *lucida intervalla* (helle Intervalle) das Hasten und den Dis-kurs, das ‚Geschwätz' der Zeit brechen könnten. Diese Kraft, die auch der Traum manchmal hat, kann die Zeit rückwärtslaufen lassen, Ursprung und Mitte vereinen, die verschiedenen Dimensionen in simultane Bilder fassen. Wenn dies erreichbar, vorstellbar ist, auch in der ‚scheinbaren' Zeit des Tages, dann spricht man von einem *Tagtraum*. Nicht diese Träume, sondern das Schlafen der Vernunft gebiert Ungeheuer. Und niemals schlief die Vernunft tiefer als damals, als sie Kronos' Werke als unübertrefflich pries, von da an gibt es Chronolatrie. Der *Tagtraum* der Vernunft lädt uns ein, uns vom sinistren Zauber zu befreien, den die Phänomene der Irreversibilität immer hervorgerufen haben. Er entzieht ihnen jegliche Notwendigkeit und interpretiert sie mit ‚statistischer' Ironie. Und nicht einmal die Zeit wird *einem* Pfeil folgend in *eine* Richtung vergehen. Die Unterscheidung aufgrund der Definition verschiedener Maße der Entropie, zwischen einem Früher und einem Später, bedeutet nicht *eine* bestimmte Richtung der Zeit. Die ‚normale' Ordnung unseres Systems kann – für sich genommen – kein universelles Gesetz beanspruchen. Sie stellt nur eine *mögliche* Ordnung dar. Andere sind durchaus vorstellbar. Die *mens tuens*, der schauende Verstand, ist hinreichend befähigt, sich Ordnungen auszudenken, die irreversibel und dennoch nicht entropisch, ektropisch und dennoch nicht mechanisch sind, ‚Umkehrungen' des Pfeiles der Zeit – als Krebs, beinahe mit musikalischem Verfahren! – augenblickliche Zeiten, Zeit-Schichtungen, die sich gleichzeitig ergeben.[9]

Die sterbende Zeit hat nur das konsumiert, was des Todes ‚würdig' war, vor allem: *sich selbst*, die Zeit, die „volat irreparabile", die keinen Einhalt kennt, die Zeit des ungeduldigen Movimentum, die sich allem zuwendet, alles verlangt und konsumiert. Aber diese Zeit ist nur eine von vielen möglichen. Ihr Tod befreit uns von ihrem Zauber, von der unheilvollen Prophetie, daß ihr Ende *das* Ende wäre. Das befreit nicht *von* der Zeit zugunsten einer ek-statischen Bewegung, die nur Verzweiflung darüber bedeutet, daß die Zeit niemals begriffen werden kann, außer unter dem Aspekt des gefräßigen Kronos, aber es befreit für andere Zeit-gestalten, in dem Augenblick, der re-kreiert (und genau das ist es, was Nietzsche unter *dionysisch* versteht). Indem man sich mit Hogarth gegen die alte Welt der sterblichen Zeit *ent-scheidet*, muß man sich nicht unbedingt dem von Goya vorausgeahnten Chaos preisgeben: Man kann sich vielmehr anderen *möglichen Ordnungen* der Imaginatio (Einbildungskraft) öffnen, welche die imaginative Kraft der *mens tuens* zu entwickeln weiß, sobald sie über den Anspruch der absoluten Notwendigkeit einer Zeit völliger Entropie zu lachen vermag. Es ist das Lachen des ‚Nous' gegen die Schwerkraft der Ananke![10] Es ist der Zusammenbruch des vermeintlich Unvergänglichen (das uns wegen der absoluten Souveränität dieser Figur der Zeit ‚religiös' zu trösten sucht), der jene Kraft ermöglicht. Diese Kraft ist des „kreatürlichen Denkens" fähig, das heißt, des Ins-Bild-Stellens, des Entwerfens strenger Bilder der Ordnung, physikalisch-mathematischer wie künstlerisch-musikalischer Natur, die nicht auf den geschlossenen Ring des wahrnehmbaren Horizonts und auf seinen ‚Zauber' reduziert werden können. Diese Ordnungen erfassen in sich unseren gegenwärtigen alltäglichen Zeit-Raum bloß als einen der unendlich mit-möglichen Zeit-Räume.

Anmerkungen
[1] Vgl. die *Iconologia* von Ripa. Natürlich wird in diesem Essay der Analyse dieses Themas bei Warburg, von Panofsky über Wind bis Wittkower Rechnung getragen. Wichtig sind dazu auch die Essays, die in zahlreichen Bänden des „Archivio di Filosofia" unter E. Castelli gesammelt sind (insbesondere: *Apocalisse e insecuritas*, 1954; *Il tempo*, 1958; *Tempo e eternità*, 1959; *Rivelazione e storia*, 1971; *Ermeneutica e escatologia*, 1971).
[2] Vgl. A. Veca, *Vanitas*, Bergamo 1971.
[3] Plotin, *Enn.*, 2, 15.
[4] Vgl. M. Sgalambro, *La morte del sole*, Mailand 1982.
[5] H. Sedlmayr, *Der Tod der Zeit*, Mailand 1982.
[6] Vgl. H. Corbin, *Temple et contemplation*, Paris 1980.
[7] Ch. F. Rang, Historische Psychologie des Karnevals; vgl. den Essay „Erinnerung an Karneval" dieses Buches.
[8] Vgl. AA. VV.; *Apocalisse e ragione*, „Hermeneutica" 1983, mit Essays von C. Bo, M. Cacciari, P. Grassi, I. Mancini, L. Sartori u. a.
[9] All diese Themen sind in meinem Buch *Icone della Legge*, Mailand 1985, enthalten und ausgeführt.
[10] Vgl. L. Chestov, *Athènes et Jérusalem*, Paris 1938.

Chronos apokalypseos – Zeit der Apokalypse

Die Septuaginta übersetzt das hebräische *galeh* mit apokalyptein, d. h. offenbaren. Das griechische Wort klingt beinahe synonym zu deloun, phaneroun, deiknynai: kundtun, enthüllen, bekanntmachen. Indem ich etwas enthülle, vermittle ich etwas, was zunächst verborgen, verdeckt war, und jetzt, nachdem es sichtbar gemacht, zum Vorschein gebracht worden ist (deloun, phaneroun), kann ich sagen-anzeigen und daher bekanntmachen. Die Reihenfolge ist von größter Wichtigkeit, denn sie zeigt den normalen, ‚apokalyptischen‘ Niederschlag unserer Denkweise. Das Symbol der Apokalypse bildet den Höhepunkt einer Kultur der Vision. Die ‚letzte‘ Wahrheit wird apokalyptisch ‚gesehen‘, nämlich als direkter und vollkommener Inbegriff dieser Vision. Wort und Schrift entwickeln hier eine bloß instrumentelle Rolle. Erkennen heißt vollkommen sehen, sehen-vermögen. Chronos apokalypseos, Zeit der Apokalypse, bezeichnet den Triumph der Vision: Die offenbarte Wahrheit wird schließlich gleichzeitig gesehen und erkannt. Was man *sieht*, ist am Ende die Wahrheit selbst. Aber die spezifische Intensität dieser Erfahrung darf nicht die wesenhafte Ähnlichkeit, die deren Form mit jener des ‚normalen‘ Denkens in Einklang bringt, vergessen lassen. Erkennen heißt für uns gemeinhin *sehen*, zur Darstellung bringen, kundtun. Man erkennt nichts außer dem zum Sehen Dargebotenen. Der Begriff von Aletheia selbst, von Wahrheit, ist in seinem Wesen ‚apokalyptisch‘. Er setzt eine Apokalypse, eine Zeit der Apokalypse voraus. Wir können die Wahrheit diskursiv begreifen, weil sie aus dem Versteck gelockte Aletheia (Wahrheit) ist, kundgegeben, entdeckt und offenkundig. Das ‚Wahrlich‘-Sagen des Logos setzt dieses Darstellen immer voraus: Licht machen, erleuchten, ein Blitz, der den Schleier, die Düsternis des Verborgenen, des Schlafes zerreißt. Zeus selbst ist dieser Blitz . . .

Auch wenn man an der Form der Vision, an der ursprünglichen Wesensgleichheit von Wissen und Sehen in unserer Kultur festhält, ist die religiöse Apokalypse Darstellung des *Eschaton und Kundmachung, die übernatürlich vor sich geht.* Darin liegt nicht das aktive und konstruktive Untersuchen des Logos, der die Wahrheit ‚entdeckt', sondern eventuell der Logos als *parola viva* (lebendes Wort), als Nachhall der Wahrheit. Eschaton entdeckt sich auf übernatürliche Art, und diese Offenbarung hallt im lebenden Wort des Menschen-Propheten nach. Das Wort wird göttliches *Instrument,* jeder autonomen, konstruktiven Stärke beraubt. In der religiösen Apokalypse wird die Wahrheit *en pneumati* (geistlich) kommuniziert. Der Mensch-Prophet schafft Leere in sich, um sich ganz der Kommunikation zu öffnen, deren Nachhall er wiedergibt. Aber ist der Zweifel nicht auch schon dieses Leer-werden und die Entdeckung der Methode nicht auch schon als Inventio maniaca (manische Erfindung) dargestellt? Die Beharrlichkeit dieser Denkfiguren im Bereich des Logisch-Diskursiven ist nur aufgrund jener Ähnlichkeit von Apokalypse und Aletheia erklärbar. Auch in der religiösen Apokalypse muß die Wahrheit *gesehen* werden, damit der Prophet von ihr nachhallen kann. Die ‚parola viva' folgt: hinter dem Auge her. Und man könnte hinzufügen: Wie kann sich diskursive Darstellung ergeben ohne jenen enthüllenden Blitz, den Euripides Zeus phanaios nennt? Wo läßt sich dieselbe Möglichkeit des Darstellens wiederfinden, wenn nicht in der wesentlichen Apokalyptizität der Aletheia selbst?

Es führt zu nichts, Worte darüber zu verlieren, wie alle ‚zukunftsträchtigen' Bedeutungen der Apokalypse in die Irre führende Ableitungen sind. Eschaton ist letzte ‚Wahrheit', für immer schon entschieden, nicht vorhersehbare Zukunft. Der Prophet sieht und hört dies in seiner ganzen Gegenwärtigkeit, und so teilt er es seinem Volke mit. Das bedeutet keinesfalls, die große Tragödie der Verschiebung des Eschaton für das Urchristentum und ihre epochalen Konsequenzen, im Sinne einer zunehmenden Vergeistigung der messianischen Erwartung, wie sie so schroff, direkt und konkret in der *Apokalypse* des Johannes deutlich wird, zu übersehen, aus den Augen zu verlieren. Diese Verschiebung zeigt die nicht volle Schlüssigkeit der christlichen Novitas. Das Noch-Nicht, das sich zuvor auftut, ist *noch* Geschichte, Irrtum, Unsicherheit. Aber auch unter dieser Voraussetzung geht Chronos apokalypseos nicht in Zukunft über, in eine einzige Dimension der Zeit (und der ‚normalen' Zeit), sondern schließt in das eigene Symbol das ‚Unglück' der Geschichte ein, gründet darin den letzten Sinnhorizont als Gegenteil jeder Chronologie oder Chronolatrie.[1] Einfachen Eschatologien, in der gängigen Bedeutung des Begriffes, ist es unmöglich den Namen der Apokalypse zu geben, weil ihrem ‚Spekulieren' die unvermittelte Kraft der Vision fehlt. Denn was in der Zukunft ist, ist *nicht* sichtbar. Das Vorhersehen kommt dem Bereich des Pro-jektiven, des autonomdiskursiven Logos zu. Beim Aufzeichnen der Geschichte, die von der jüdisch-christlichen Apokalypse zur Eschatologie und zu teleologisch-projektiven Säkularisierungen führt, muß man vorsichtig vorgehen. Ähnliche unmittelbare Rekonstruktionen bemerken nicht, daß sie mit zutiefst unterschiedlichen Materialien rekonstruieren, indem sie Leere und Sprünge und Zusammenhanglosigkeit überbrücken.

Die Vergeistigung der messianischen Erwartung[2] entspricht dem zunehmenden Unvermögen der Vision. Die Kraft der Vision vergeistigt sich nicht, sondern verliert sich. Dieser Verlust macht die vorhersehende Erwartung möglich, die projizierend und teleologisch zur Wirkung gelangt. Es ist gänzlich unnotwendig, für die Bewahrung der apokalyptischen Visio (Sicht) – wie es von einigen gefordert wird – das Noch-Nicht aufzuheben, der christlichen Novitas[3] unmittelbar zum Sieg zu verhelfen. Solange das Noch-Nicht als Eschaton nicht chronologisierbar verstanden wird, kann sich sein Symbol als vollkommen ausgeben. Das apokalyptische Symbol ist verloren, wenn sein Noch-Nicht nur der Zukunft nachhallt, und wird daher chronologisch eingeordnet. Dann wird das Sehen unsere Geschichte (historia).

Was Scholem die Vergeistigung der messianischen Erwartung nennt, und was er als Hauptunterscheidungsmerkmal des christlichen Messianismus ansieht, nämlich daß er die apokalyptische Vision tatsächlich Geschichte werden läßt und die offenkundige Tragödie der Verschiebung mit den Formen des projektierenden Wissens ‚verdeckt', dies entspricht notwendig mit zweideutigen Begriffen der radikalen Fragestellung, die das Symbol beseelt: *Wer ist der Retter?* Von *Enoch* über *Daniel* bis hin zu *Johannes* gibt die Apokalypse eindeutig Antwort auf das Rätsel: Wie das Böse „sich in einer Sphäre gebildet hat, die dem Menschen übergeordnet ist, so müßte die Rettung aus jener selben Sphäre kommen"'. Die Apokalypse gewahrt, wie der Mensch gerettet wird; Rettung kommt ihm zu: als Eindringen des Transzendenten in die Geschichte, als Eindringen, an dem die Geschichte selbst in ihrem Irren zugrunde geht – dieses Eindringen ist absolut nicht vorhersehbar. Im hebräischen Messianismus – führt Scholem weiter aus – erscheint die Apokalypse als „beständig gegenwärtige Chance". Sie ist von den Handlungen des Gläubigen unabhängig, vollkommen „freiwilliger' Augenblick". Dies korrespondiert übrigens auch mit *Matthäus* 24, 43; 25, 13; *Markus* 13, 33–37; *Lukas* 12, 35–40; *Paulus* 1 Ts 5, 6–8: „Ihr selbst wißt genau, daß der Tag des Herrn kommt wie ein Dieb in der Nacht". Aber wenn das Noch-Nicht historisch vereinnahmt wird, wenn die Dimension unserer Erwartung, unseres Gebundenseins an die historische Zeit überwiegt, wenn der Aufschub des Eschaton noch mit der Notwendigkeit des historischen Irrtums korrespondiert, dann entsteht daraus eine Art messianischer Aktivismus, der sich in moderner Utopie vollendet, und zwar als Ausdruck einer selbst-erlösenden Kraft des Menschen. Eine neue Welt ohne einen neuen Himmel, ein vollkommener Bruch mit dem Symbol der Apokalypse[5].

Wir können nun sagen, was dieses Symbol in sich birgt. Für das Symbol ist die schlimmste Form der Idolatrie die Chronolatrie. Die Apokalypse ist die Katastrophe historischer Zeit. Diese Katastrophe gilt *gleichzeitig* als Erlösung: als Erlösung von Chronos-Kronos, das heißt, als Eintritt in einen vollkommen glücklichen Aion. Daß dies als radikale Novitas oder

Wiederherstellung eines ursprünglich paradiesischen Zustandes verstanden wird, ist unbedeutend, verglichen mit dem Wert des Symbols: Identität von Katastrophe und Erlösung, Erlösung als Rettung aus dem „Unglück" der Geschichte und aus der Form der Vision, die ihr angehört. Schließlich kommt dem Menschen solche Rettung zu, aber sie ist seinem Handeln nicht zugänglich, sie erfaßt ihn, überrascht ihn, offenbart sich unvorhergesehen. Kein Logos kann von ihr künden. Dort, wo die Rettung, das Heil in der Zeit der Geschichte erwartet wird, wo sich eine Kluft zwischen Katastrophe und Erlösung auftut, wo Erlösung als Selbst-Erlösung mißverstanden wird, zerbricht das Symbol. Ebenso verloren ist es, wenn es sich, angesichts und gegen die Ansprüche seiner Säkularisierung, auf das Schweigen eines nicht kommunizierbaren Versprechens zurückzieht. Denn die Apokalypse muß Vision und *kommunikative Vision* bleiben. Die Apokalypse ist die *Rettung der Vision* im ursprünglichen platonischen Sinn des „Rettens der Phänomene". Das apokalyptische Versprechen der Erlösung ist begrifflicher Widerspruch, wenn es auf das Unsichtbare und Unaussprechliche beschränkt wird. Die Apokalypse verlangt nach *Pro-phetie*. Und Prophetie ist außerhalb eines Horizonts des Noch-Nicht nicht vorstellbar. Das tatsächliche Problem des apokalyptischen Symbols besteht in der vollkommenen Vision des Noch-Nicht. Solches Problem hört auf zu bestehen (und damit wird das Symbol selbst zerstört), indem der Begriff der Vision ‚überwunden' wird (in einer Vorwegnahme, in einem Entwurf) oder indem man den Begriff des Noch-Nicht überwindet. (Diese Tendenz ist nicht nur auf die christliche Novitas beschränkt, denn die Reduktion auf ein Minimum messianischer Idee, auf Rettung nur kraft der vollkommenen Beachtung des geltenden Gesetzes, ist auch im hebräischen Rationalismus verankert.)

Bleibt also nichts außer der Geschichte (historia) vom Schwinden des Symbols? Müssen wir also sagen, daß unsere Geschichte das Schwinden des Symbols bedeutet: Eschatologie, Teleologie, Utopie, Projekt, Programm? Daß sie die auflösende Kraft ist, in der sich die Epistrophe, der Wendepunkt, unbestimmt verzögert oder gänzlich unverhofft ergibt? Sind nicht diese Apokalypsen die Apokalypsen unserer Zeit? In diesen Apokalypsen ist die messianisch-erlösende Dimension zur Mär verkommen, zum Bildungsmärchen oder bestenfalls zur unbegründeten Haggada, die von ihrer Bindung an das Gesetz getrennt ist. Von der Apokalypse bleibt die Unsicherheit, das Gefühl von Unsicherheit wegen des Nomos-Schwundes, das für den Menschen als Eroberer typisch ist. Aber dieser Zwang zum ‚Überwinden', Erobern, hat nichts vom messianischen Schmerz apokalyptischer Unsicherheit an sich. Das ‚Überwinden' schlittert von einer Katastrophe in die nächste. Jede Katastrophe ist morphogenetisch, jede Katastrophe vereint die Auflösung des alten Nomos mit der Formierung neuer Grenzen⁶. Aber diese Grenzen entbehren jeglicher messianischen Komponente. Hierauf ereignet sich etwas Paradoxes: die Apokalypse scheint allüberall stattzufinden. Ihre Unsicherheit scheint alles zu prägen. Der Aufschub, *in dem wir leben*, scheint die Apokalypse selbst auf alle Zeit ‚auszudehnen'. – Und dennoch: Das Symbol der Apokalypse ist verloren. Die einfachen *Zeichen* der Apokalypse begegnen uns überall. Der Sieg des unbestimmbaren Zeitalters über das Symbol der Apokalypse bedingt, daß dieses nur unter dem *Zeichen* der Katastrophe wiedergewonnen werden kann.

Zwischen dem ‚Schon' und dem ‚Noch-Nicht' besteht übrigens seit je ein unwegsames Gleichgewicht. So wurde einerseits der triumphalen byzantinischen Apokalypsen als lichtvolle Theophanien bereits genug gedacht und andererseits wurde die Apokalypse ebensooft schon im bitteren Sinn der unvollkommenen Welt, in den verzweifelten Tönen der Vanitas, in der Besessenheit der Erwartung, die die romanische Ikonographie prägte, gesehen. Im ersten Fall wird das ‚Noch-Nicht' aufgespalten, im zweiten ist die Affirmation des ‚Schon' in einem unaussprechlichen und *unsichtbaren* Glauben enthalten, dem die ganze Welt widerspricht. Das Endergebnis dieser Spaltung – die im Grund dasselbe ist, was für Hegel die ‚romantische' Seele kennzeichnet – bleibt aber ein Einziges: Ob nun das ‚Schon' triumphiert oder den Menschen das Schicksal des ‚Noch-Nicht' ereilt, der historische Wechsel erscheint immer als Katastrophe. Kein Ausweg zeigt sich, keine kleine Pforte öffnet sich in der gewaltigen Mauer. Die Katastrophe schließt jedes ‚Prinzip Hoffnung' aus. Andererseits ist aber ein ‚Prinzip Hoffnung' innerhalb all dieser Untersuchungen nicht zu erreichen. Dies umsoweniger, als die Chiffre des ‚Noch-Nicht' der des ‚Schon' entgegensteht und als die Erwartung des Messias historisch erklärt wird. Das sind nicht nur ‚Ausflüchte', die von Chronos edax schon wahrgenommen, schon konsumiert worden sind, sondern vor allem auch ‚Ausflüchte', die genau in die Richtung unseres gegenwärtigen Zustandes weisen.

Nur in sich und aus sich heraus kann die Apokalypse in diesem, unserem profanen *Jetzt*, in dieser schwachen, kreatürlichen Jetztzeit wiedergedacht werden. Was bleibt in diesem *Jetzt* der Apokalypse zu denken? Was macht aus ihrem Symbol noch ein Problem? Oder reduziert sich alles auf saturnische Existenz, auf ihr melancholisches Zum-Tode-Sein, das Einsamkeit, Scheiden, Ent-scheiden ist, auf den Akt des *diaballein* (Spaltens) hindeutet und dem Kairos des *sym-ballein* radikal entgegensteht?

Die Apokalypse ist der Augenblick, in dem sich der Höhepunkt der Unsicherheit in vollkommene Sicherheit umwandelt. Sie ist die Auflösung jeglicher Unsicherheit. Aber – und das erscheint noch wesentlicher – dieses Symbol bedeutet den Augenblick völliger Verzweiflung innerhalb einer ‚ästhetischen Kultur': in der Kultur des historistischen Erkennens, der Kultur des Wissens als Macht, als technisch-wissenschaftliches Comprehendere-Begreifen. Die Apokalypse findet nur am Höhepunkt dieser Kultur statt, die in vollständiger Entfaltung ihrer Möglichkeit, ihres Willens zur Macht wahr-genommen wird. Aber dieser Wille ist vergeblich. Nicht weil seine Absichten fehlschlagen oder Schiffbruch erleiden, sondern wegen eines exakt gegenteiligen Motives: weil er Wille zur Aufgabe, zur Grundlosigkeit, zur Entwurzelung ist. Die Konfusion, die heute allenthalben zwischen Apokalypse und Katastrophe herrscht, erklärt diese Kondition mit dramatischer, unmittelbarer Deutlichkeit. Die Apokalypse wird auf die Figur der Vanitas reduziert, beinahe eingeprägt ins Siegel der Melancholia. Aber die Apokalypse selbst widersteht der Zeit des Irrens nicht unmittelbar. Sie ist nicht Gegenteil jener Zeit unaufhörlicher Verführung (ver-führen), die es unmöglich macht, die Anschauung (theoria) der Tage, die fest-stehen, fest-lich zu sehen. Genauso tief entsteht sie aus dem Irren und so intensiv erweist sich die Verzweiflung, daß einige Zaddikim so weit kamen, sich zu beglückwünschen, der Parusie nicht beizuwohnen, so schrecklich mußte ihr Tag sein. Das apokalyptische ,Aber' – welches das Kontinuum von Chronos unterbricht – kann nur in dieser Verzweiflung nachhallen. Es kann keine anderen Worte erfinden. Es kann sich nicht als *andauerndes Fest* ek-statisch hinsichtlich der Vanitas der ,ästhetischen Kultur' manifestieren. Wenn es nicht erlaubt ist, die Apokalypse als Katastrophe zu denken, dann ist es auch nicht statthaft, sie gewissermaßen byzantinisch als Theoria diaphana, als vollkommene und ek-statische Novitas, die die zeitliche Zeit dem Untergang anheimfallen läßt, zu denken. Es sind sicher nicht diese Vorstellungen, die von der Apokalypse zu denken bleiben. Eine ek-statische Theorie läßt die nihilistische Dimension der Zeit intakt, besser: indem sie sich von dieser Dimension ablöst, verabsolutiert sie gleichzeitig auch den Nihilismus der ästhetischen Kultur, auf die sich das Katastrophen-Denken anerkennend und bewahrend beschränkt.

Wenn etwas für das Denken des apokalyptischen Symbols von Bedeutung ist, dann ist es im Ausdruck *Chronos apokalypseos* enthalten. Es steht in jenem Verhältnis von Apokalypse und Chronos, das in gewisser Weise dort nachhallt, wo die Apokalypse als Höhepunkt des ,Ästhetischen' ausgemacht worden ist. Man denkt sich eine Zeit *der* Apokalypse, eine Dimension der Zeit, die sich *in* der Apokalypse rettet – also keine

Erlösung *von* der Zeit. Darin ist die Apokalypse Chronos nicht unmittelbar entgegengesetzt, denn im Lichte der Apokalypse nimmt die Zeit selbst andere Gestalt an. Das Problem der Apokalypse könnte also nicht in der Negation oder Überwindung der Zeit, sondern in der Offenbarung des Symbols der *wahren* Zeit bestehen. Der Kairos der Apokalypse würde nicht ein Entkommen aus der Zeit sein, die zur Vanitas der unaufhörlichen Katastrophe verdammt ist, sondern Offenbarung einer Zeit, die sich dem Konsum durch Chronos-Kronos verweigert. Dies bedeutet zwar den Tod des Kronos edax, jedoch die ‚Rettung' des offenbarenden Chronos.

Chronos apokalypseos, bedeutet dies das Betrachten unserer Existenz und ihrer eigenen Chronologie unter apokalyptischem Gesichtspunkt? Die Sehnsucht nach einem ‚Entkommen' aus dem ‚Unglück' der Geschichte – so wie deren ‚idiotische' Apologie – rettet nicht vor Katastrophen, denn es rettet die Katastrophen nicht. Chronolatrie und ek-statische Negation der Zeit, decken sich darin, indem sie verhindern, daß man sich den Inhalt der Rettung im apokalyptischen Symbol enthalten denken kann. Die Erlösung wird in einer Zeit überliefert, die ‚schon', aber ‚noch nicht' gerettet ist. Zu einer Zeit, die *ist*, aber noch nicht in der Gestalt *ihrer* Rettung. Es ist also ein Irrtum, die Jetzt-zeit von Benjamin als andere Dimension zeitlicher Zeit zu überliefern. Sie drückt im Gegenteil *pietas* angesichts ihres Vergehens aus. Jetzt-zeit ist *dieses profane Nun*.

Aber darin gibt sich die *wahre* Dimension der Zeit zu erkennen. Es ist richtig, Jetzt-zeit ‚arm-selig' zu überliefern, sie jeden unbestimmten Mystizismus zu berauben, wenn nur das konstituierende *Aber* nicht vernichtet wird, wenn das apokalyptische Symbol, in der bisher erläuterten Bedeutung, nur nicht aus den Augen verloren wird. Apokalypse der Zeit kann es nur in der Zeit geben. Die Zeit kann apokalyptisch gesehen oder in ihrem Nachhall gehört werden. Die Apokalypse steht nicht jenseits der Zeit, sondern bildet ihren Höhepunkt, das Äußerste ihrer Erfahrung – und daher bedeutet das Entdekken der Zeit in ihrem vollen Ausmaß, Zeit der Wahrheit gemäß zu begreifen. Die Apokalypse offenbart die Zeit als erfüllte Zeit, als Zeit, in der sich ihre Vollendung erfüllt – als Zeit der Apokalypse. Das ist die Möglichkeit der Zeit, *als Zeit* wahr zu sein. Dies allein bleibt von der Apokalypse noch zu denken. Um diese Frage herum verdichten sich die Essays von Lukacs aus *Die Seele und die Formen*, aus *Die ästhetische Kultur*, die Arbeiten über das moderne Drama und über Dostojewskij. Dies gilt auch für das „siegende Aber" von Rosenzweig, für die Problematik der *Jetzt-zeit* bei Benjamin sowie für das ‚Mystische' bei Wittgenstein und Musil.[7] Nicht zufällig rückt in diesen Momenten zeitgenössischen Denkens, wie weit sie auch voneinander entfernt sein mögen, die romantische Philosophie und Ästhetik in den Mittelpunkt. Die Ewigkeit stellt sich für Baader (und für Schelling!) wesentlich als Dimension der Erlösung-Rettung *von* der Zeit, als Erfüllung der Zeit in all ihren Dimensionen, als *wahre* Zeit, die nicht losgelöst von der gegenwärtigen ist, dar. Das Problem der Romantik ist die Unzeitlichkeit *des* Zeitlichen, des Symbols *a-idios* vom Ewigen *in der Armut* der Zeit selbst. Hier ist die romantische Ästhetik wahrhaftiges Organ ihrer Philosophie, denn die *Wahrheit* des Kunstwerkes besteht genau darin, die über-vollkommene Einzigartigkeit der scheinbar vorläufigen und vergänglichen Gestalt als ewigwährend, sub species aeternitatis, zu zeigen-offenbaren. Im Kunstwerk scheint es, als ob sich die ästhetische Vanitas wie an einem inneren Feuer verzehrte. Sie scheint sich zu verwandeln, zu verklären (das Thema der Verklärung von den Romantikern bis zu Mahler und Schönberg!), ohne sich deswegen an diese gegenwärtige Zeit zu vergeuden. Das Kunstwerk stellt bei den Romantikern die Apokalypse dieser vergeblichen Dimension von Zeit dar.

Diese Ästhetik stellt – genau besehen – „*nur einen Streifen Fruchtlands*" (Rilke) in der Gesamtheit der zeitgenössischen Kultur dar. Eingespannt zwischen aptisch-quantitativer Analyse des Geschmacks, die ein Pendant jener Wirtschaftswissenschaft ist, die als autonome Disziplin gleich alt wie die Ästhetik ist, und kritischer Erörterung, die das Problem des Werkes *nicht* als literarisches Spiel, als Unterhaltung *denkt*. Darüber hinaus entsteht aus dem Überdenken dieser Ästhetik oft der Verdacht, daß sie von ‚triumphalen‘, theologisch-theophanischen Sehnsüchten nach der Mitte infiziert ist, nach ihrem Licht, ihrer Ordnung. Aber es ist nicht ihre Richtung, ihr Sinn, der dem Denken noch widersteht. Es ist nicht die höhere Glorie, die jede Unsicherheit transzendiert und sich im Werk zeigen könnte, sondern die vor der blanken ‚Neugier‘ des Erkennens *gerettete* Unsicherheit, die von der Gleichgültigkeit des vergänglichen Blickes erlöst ist, die in der Jetzt-zeit befangen ist, in der Unzeitliches und Zeitliches nicht in zwei absolute Reiche getrennt sind. Verklärung, aber Verklärung derselben Unsicherheit im Feuer der Kompositionsform: Chronos apokalypseos des Werkes.

In welcher Form aber kann sich das *Wir* dieses Werkes geben? Das Symbol der Apokalypse besteht nicht nur aus dem *Aber*, das die bloße Unsicherheit des Zeitlichen verklärt, umwandelt, sondern auch aus dem *Wir* insgesamt: aus dem *prophetischen* Aber. Diese Erörterung könnte die Kritik der Ästhetik bei Kierkegaard in neuem Licht erscheinen lassen. Denn Kierkegaard ist sich des Sinnes, der Richtung der romantischen Ästhetik vollkommen bewußt, und trotzdem kann er sich nicht vor dem Schiffbruch bewahren. Die ästhetische Verzweiflung bei ihm dürfte nicht sosehr von der fortwährenden Immanenz des Werkes herrühren, von dessen nicht erlösenden ästhetischen Charakter, wie immer behauptet wird, als vielmehr von der inneren pro-phetischen Ohnmacht des ‚autonomen‘ künstlerischen Werkes. Die *Dichtung* bei Heidegger reproduziert diese Aporie, löst sie jedoch nicht.

Aber – wird nicht genau dies unsere Chiffre sein: die Apokalypse des Vergänglichen wieder in einer Sprache, einem Wort zu versuchen, das *nicht* jenes lebende ist, das *nicht* jenes prophetische sein kann? *Als ob* sich das Ich, das sich im Werk zeigt, durch geheime Machenschaften seiner Sprache, dank

Erinnerungen, die noch erblühen müssen, tatsächlich ins Wir verklären, verwandeln könnte? Als ob dieses Ich, aufgrund seiner gegenwärtigen Einsamkeit, den Blitz, der das *Aber* bindet, zu dem wir fähig sind, dem *Wir* verspräche, zu dem wir noch nicht fähig sind? Wird es nicht genau dies sein, was wir müssen: das *Aber* nachhallen lassen, *als ob* das Wir nicht ‚niemals mehr', aber ‚noch nicht' wäre? Auf diese *schwache* Apokalypse spielt Benjamin vielleicht an, wenn er von der messianischen Kraft spricht, die uns zugestanden wird und die uns trotz allem ruft.

Anmerkungen
[1] In diesem Zusammenhang sind die Erörterungen wichtig, die M. M. Olivetti in *Error e Kairos* in AA. VV., *Rivelazione e storia*, „Archivio di Filosofia", Padua 1971, dargelegt hat. In „Archivio", das von Enrico Castelli redigiert wird, sind viele grundlegende Beiträge zum Problem der Symbologie der Zeit erschienen; hervorgehoben seien hier: *Il simbolismo del tempo*, Padua 1973, mit Aufsätzen von Sedlmayr, Bonicatti, Assunto u.a.; *Ermeneutica e escatologia*, Padua 1971; *Apocalisse e insecuritas*, Mailand-Rom 1954; *Tempo e eternità*, Padua 1959.
[2] G. Scholem, *Zum Verständnis der messianischen Idee im Judentum*, in: Judaica I Frankfurt 1977. Auf der Vergeistigung der messianischen Erwartung hat Sergio Quinzio in seiner Arbeit lange beharrt. Vgl. *La fede sepolta*, Mailand 1971.
[3] Mir scheint, daß dieses Unverständnis das Buch von E. Corsini, *Apocalisse prima e dopo*, Turin 1980, das übrigens sehr ergiebig ist, an den Wurzeln gefährdet.
[4] P. Sacchi, *Introduzione generale a Apocrifi dell'antico Testamento*, Turin 1981, S. 27.
[5] Zur Kritik der modernen Auffassung von Utopie muß ich hier auf mein *Progetto* in „Laboratorio politico", 2/1981, und auf *Diritto e giustizia* in „Il Centauro", 2/1981, verweisen.
[6] Ich knüpfe hier an die Erörterungen an, die ich in *Catastrofi* in „Laboratorio politico", 5–6/1981, eröffnet habe.
[7] In diesem Rahmen habe ich diese Momente und Figuren in verschiedenen aktuellen Essays analysiert: *Icone della Legge*, Mailand 1985; *Metafisica della gioventù*, in G. Lukacs, *Diario 1910–1911*, Mailand 1983; vgl. aber auch folgende Aufsätze im vorliegenden Band: *Die profane Beachtung Musils* und *Erinnerung an Karneval*; außerdem vgl.: *Memoria sul carnevale*, in Ch. F. Rang, *Psicologia storica del carnevale*, Rom 1982; *Walter Benjamin, Il tempo dell'Angelo* in „Aut-Aut", 189–190.

Emilio Vedova, Prometeo (Prometheus)

Emilio Vedova, Narciso (Narziß)

Erinnerung an Karneval

Die Überlegungen, daß der Karneval der Carrus navalis, das Seegefährt, sein soll, das archaischer Astrologie zufolge das Sonnenrad im Verlauf des Jahres wieder an den Höhepunkt des Firmaments zurückführt, oder daß er, im Gegensatz zur Fastenzeit, in der der Fleischgenuß untersagt ist, die ‚fleischliche' (carnale) Epoche bedeutet, daß die linguistische Annäherung an den Problemkreis Karneval die Erklärung von Rang rechtfertigt (die Rang wiederum einer Unzahl von Autoren, darunter Burckhardt, entnommen hat) oder aber die heute vielleicht bevorzugte und hinlänglich dokumentierte von Julio Caro Baroja[1] – all diese Überlegungen kommen im Hinblick auf den Begriff der ‚Psychologie' des Karnevals kaum zum Tragen. In jedem Fall stellt sich der Karneval aber als Pause dar, als Interregnum. Eine Leere scheint sich da im regulären Jahreslauf aufzutun. Das Navigium der Isis unterbricht den ‚normalen' Lauf der Sterne. Das ist der Moment (von „movimentum", Bewegung, Übergang, flüchtiges Zwischenspiel) zwischen dem Untergang des alten Jahres und der Thronbesteigung des neuen Jahres. Ein außerordentlich *gefährlicher Moment*, weil die alten Normen nicht mehr gelten und die neuen noch keine Gültigkeit erlangt haben. Daraus resultiert der wiederkehrende Zauber des Schiffsymbols: es lichtet den Anker, es sticht vom Hafen sicherer Zeit in die ungewisse See, es wagt sich auf hohe See. Pierre Rivière schreibt: „Je suis de grans folz navigans/Sur la mer du monde profonde"[2] („Ich bin einer der großen seefahrenden Narren/auf dem Meer der abgründigen Welt"). Der Karneval zwingt zum ‚Sicheinschiffen', will man nicht mit dem alten Jahr untergehen.

Auf offener See verliert die Norm ihre Gültigkeit. Denn sie ist archaisch erdgebunden: ‚iustissima tellus'[3] („die wohlbegründete, dauernde Erde" von Goethe). Das Meer ist *frei*: kein Feld gibt es hier zu teilen und zu bebauen, keine Spur bleibt auf ihm zurück, keine Stadt kann hier errichtet werden. Man muß den Tod in größter Nähe wahrnehmen können, um die Urangst vor dem Meer zu überwinden. Man muß vor Angst verrückt werden, um dem Meer die Stirn zu bieten. Stultifera navis, Narren tragendes Schiff – unter diesem Aspekt trägt *jedes* Schiff Narren. Die Verbindung zwischen dem Meer und der Verrücktheit ist archaisch. Aber – und das ist paradox – die Schiffahrt ist Interregnum, dessen Gefährlichkeit Moment vor der Krönung des neuen Jahres ist. Das Meer erstreckt sich zwischen zwei Gestaden. Deshalb bedeutet die Verrücktheit des Seefahrers *auch Wissen*. Foucault sieht den Baum der Erkenntnis auf dem Narrenschiff von Bosch[4] wachsen. Es könnte sich dabei nun um *verbotenes* Wissen handeln, aber die Seefahrt muß jedoch während des Interregnums, im Seegefährt der Isis, *erfahren* sein (periculosum-peritum = gefährlich-erfahren), um an der neuen ‚iustissima tellus' zu landen. Nur Verrückte können der Gefahr der See die Stirn bieten. Aber diese Verrückten *wissen* und halten den Kurs. Sie sind Verrückte für jene, die im alten Hafen verbleiben und daher der drohenden Katastrophe, die ihnen bevorsteht, nicht gewahr werden. Aber diese Verrückten werden in der größten Gefahr zu Experten des Meeres. Sie durchpflügen das Meer auf dem Weg ins neue, versprochene Land (wo, wie es in der Offenbarung des neuen Jerusalem heißt, *nicht mehr Meer* sein wird).

Daher hat die Verrücktheit des Karnevals einen *Sinn*, eine Richtung. Legale Gesetzlosigkeit, normale Freiheit von Norm, sagt Rang. Der Astro-logos weist auch dem Karneval seinen Platz zu. Sein Ausbruch ist festliche Wiederkehr. Seine Phänomenologie ist nur im Bereich des Festtages zu fassen. Sein Tag ist *Fest-tag*, obwohl er sich an das Inquietum, die Unsicherheit des Meeres verbraucht. Das Interregnum, die Pause, der außerordentliche Moment des Karnevals kehrt festlich (und das meint unverrückbar und notwendigerweise) zurück. Alle *Fest-tage* sind ‚hohe Zeiten'. Daher dürfen sie nicht vergeudet werden. Sie sind dem Vergessen entzogene Momente, die auf geheimnisvolle Weise bleiben, feststehen.[6] Aber der Karneval steigert das Paradox in unendlicher Potenz. Er ist seinem Wesen nach Pause, Interregnum, Moment. Daher erscheint er als authentischer Festtag des Moments, an dem man den Moment als solchen feiert. In den Kirmes-Bildern von Bosch und Brueghel leuchten die vielleicht letzten Blitze dieser ursprünglichen Erfahrung durch. Dieser Moment erneuert, re-kreiert. Er erweckt und sammelt alle Energie, um den Himmelswagen wieder auf den Höhepunkt des Firmaments zu bewegen. Er erscheint gleichsam wie das Fest des *Spieles*, weil gerade das Spiel re-kreiert. Es lockert jegliche Erdbindung, vereint die vorher voneinander getrennt gewesenen Elemente wieder. Der Wahnsinn, das Frohlocken des Karnevals unterliegen einer ‚Ökonomie des Heiligen'. Ob es sich nun um die römischen Floralia oder um indianische Fruchtbarkeitsriten handelt, alle Energie muß sich zum Ausdruck bringen, um die Kontinuität des Lebens zu sichern. Alle Kraft wird dazu aufgebracht, um die Elemente zu bewegen und auf sie einzuwirken, die vorher schon erstarrt erschienen.[7] Hierin erscheint das andere wesentliche Element der Geheimschrift des Wassers: das Eintauchen ins Wasser hebt die alte Kreation auf und gleichzeitig re-kreiert sie. Sie ist verrücktes Aufgeben der Norm (dessen, was teilt, unterscheidet, Grenzen zieht: des Nomos), damit das neue Jahr möglich wird, der Kreislauf aufs neue beginnen kann. Die übrigen Feste verlaufen im Schatten eines Nomos, der beharrlich an der Macht bleibt. Nur dieser Festtag geht unter Abwesenheit eines Nomos vor sich. Fest der Vereinigung der Samen in ein und demselben Mutterboden, Fest der Immersion, Fest einer noch ungeteilten Ganzheit. Und in diesem Sinn ist dieser Festtag *kentaurisch*.[8] Der Mann ‚verkleidet' sich nicht als Frau, der Mensch nicht als Tier oder Pflanze, im karnevalesken Treiben (Tripudium) vereinen sich die verschiedenen ‚Reiche' wirklich wieder. Das Hereinbrechen des Karnevals befreit von alten ‚Eindeutigkeiten'. Die karnevalesken ‚Inversionen', auf denen alle bestanden haben, bedeuten in Wirklichkeit ein Aufbrechen in das Unbestimmte. Aber in ein Unbestimmtes, das Fest-tag ist, fest-stehender Tag, zur Re-kreation des Kosmos

Emilio Vedova, Il custode della cripta (Der Hüter der Krypta)

notwendig, wesentlicher Moment für das Überdauern seines zyklischen Rhythmus, in dem „alles eines Kultes würdig war, die großen, vereinzelten Bäume, die Wäldchen, die Teiche, die Flußarme, die sprudelnden Quellen, die Hügelchen, die Findelsteine und die Gebirge, in die die Schritte eines Riesen eingeprägt erschienen", wo sogar die wilden Tiere „mit ihren Lockrufen und ihren Verfolgungen"[9] am Feste teilnahmen. Ist das vielleicht die Erwartung, die Bosch im *Garten der Lüste* verheißt?

Diesen festlichen Rhythmus des Karnevals erkennt auch Baroja an, der in bezug auf jede leichtfertige Angleichung unseres Kalenders an den der Heiden vorsichtig ist. Er geht sogar weiter als Rang, wenn er die Übereinstimmungen unterstreicht: „Der Rhythmus der Festtage von Mitte Dezember bis Anfang März im Heiden-Kalender der letzten Jahre des Reiches ist fast ident mit dem des christlichen Kalenders. (…) Zusammengefaßt ist der Karneval (…) beinahe die Darstellung des Heidentums gegen das Christentum".[10] Baroja zitiert dann die Verdammung der karnevalesken Feste durch die Kirchenväter, das *De Calendiis Januaris contra Paganos* des heiligen Augustinus. Wir werden am Schluß auf diese Verdammung noch einmal zu sprechen kommen. Vorerst genügt es festzustellen, daß sich der Karneval nicht dem Sinn des Festtages entzieht, selbst wenn in jedem Fest-tag ein orgiastisches Element enthalten ist. Karneval ist das Fest der Orgie, Manifestation überschäumender Energie überhaupt, die die erstarrte Kruste des alten Jahres aufwühlt und die notwendig ist, um sich von ihm befreien, lösen zu können, das kosmische Spiel zu re-kreieren. Lachen, Tanz und Maskerade scheinen die wesentlichen Elemente dieser Befreiung, Rekreation zu sein.

Die Funktion des Lachens ist ambivalent, ganz dem Sinn dieses Festes entsprechend. Es ist gewiß das tosende Hohngelächter, das das alte Jahr verlacht und das dessen Ohnmacht bloßlegt, es ist aber bereits auch ‚risus pascualis' (Oster/Passah-Lachen), ein freudiges Lachen der Wiedergeburt. Noch im Mittelalter fielen bei den Festen des Esels und der Verrückten, auf denen die liederlichsten Späße im Inneren der riesigen Räume der Kathedralen getrieben wurden, der Gipfel der ‚Inversion', der ‚Weg nach unten' mit dem Neu-Beginn zusammen.[11] In den Gotteslästerungen und Parodien des Karnevals ist das Fest der Pascua florida bereits Verheißung. Hier hat das Lachen keinerlei vernichtende, verwüstende Kraft wie in der modernen Ironie[12], die notwendigerweise zu Indifferenz und Äquivalenz der Zeiten oder zum bloßen Kontinuum führt. Dieses Lachen hat, ist regenerierende Kraft. Es feiert den Paradox-Skandal einer Auferstehung, die den Tod bedingt, und eines Todes, der in Auferstehung mündet. Dieses Lachen verspottet die Weisheit-Vorsicht, die das bereits Verbrauchte bewahren möchte. „Au commencement il n'y a qu'un grand rire", schreibt Daumal: „Am Anfang war nur schallendes Gelächter"[13]. Eine immer dünner werdende ‚Haut' hält die alte Form in ihrer Gestalt zurück. Ein immer blutloser werdender Nomos bezeichnet die Grenzen. Das mitreißende schallende Gelächter des Karnevals läßt diese Haut zerplatzen oder spannt sie bis zum Zerreißen. Darin offenbart sich aber die tiefste Intention des Lachens: ein Wille, jede Gestalt zu überwinden, sich allumfassend zu realisieren, ein Wille, der nicht nur das Lachen immer wieder gebären, sondern der über der Bestimmung, über dem Unterschied stehen will. Wir können das Bestimmte auflösen – wir können es *verlachen*.

Selbst am Höhepunkt der Orgie rekreiert der Tanz. Noch der zügelloseste Rausch ist im Tanz geheiligt. Die Bewegungen des Tanzes verweben vielfältige Beziehungen miteinander, verbinden voneinander getrennte Elemente. Diese Bewegungen vereinen mit unsichtbaren Fäden. Mehr noch: im Tanz gewahren wir den Zusammenhang, der unlösbar an den Rhythmus des Jahres bindet. Ein Faden lenkt uns und läßt uns tanzen.[14] Im Rhythmus tanzen bedeutet, dem göttlichen Spiel zu gehorchen, das den Kosmos regiert. Im Rhythmus tanzen heißt, sich dem Kosmos verbinden, am Faden Gottes zu tanzen wie die merkwürdigen platonischen Marionetten. Also besteht auch hierin die Aporie oder eine charakteristische Ambivalenz: Im Tanz, wie im Lachen, überschreitet die Gestalt ihre Grenzen. Sie streckt ihre Haut bis zur Ek-stase, gibt ihre Sehnsucht nach universalem Zusammenfall der Gegensätze (Coincidentia oppositorum) bekannt. Aber zugleich, oder gerade deswegen, entdeckt sie die goldene Kette wieder, die aus ihr ein Spielzeug der Götter macht. Das Spiel aus Lachen und Tanz mündet in Re-kreation, weil sich im Spiel das göttliche Schaffen offenbart. Spielend haben wir im Fest Anteil daran. Diese Teilhabe ist religiös; sie bindet uns direkt an das Spiel, und daher verlangt es größte Hingabe. Dennoch erscheint es wie oberflächliche Zügellosigkeit, beinahe wie Willkür. Aber auch dieser Anschein ist notwendig: frei von jeder Vorstellung von Ende und Zweck ist das göttliche Spiel, und daher wird der Tanz von dem ebenso ‚frei‘ erscheinen, der sich diesem Tanz anschließen will. Der Faden, der aus dem Tanz ein Ludus deorum, ein Spiel der Götter, werden läßt, ist unsichtbar. Das Gesetz der Orgie besteht im Gesetzes-Schwund. Genau dieser Schwund unterliegt einer bestimmten ‚Ökonomie des Heiligen‘.

Noch rätselhafter ist die Maske. Ihr Zusammenhang mit dem Hohnlachen ist bestimmt unmittelbar – und ebenso ist ihre Rolle beim Umsturz (der Verwirrung) der Formen und Grenzen vorgegeben. Aber damit bleibt man genau im Unmittelbaren. Die Maske geht schon über den Rausch der Ek-stase der alten Gestalt hinaus, sie verweist auf das Neue möglicher Formen. Im karnevalesken Tanz deutet das Aufleuchten der Masken unendliche Möglichkeiten der Re-kreation an, unendliche Kombinationen des Spiels. Dadurch hebt die Maske die Ähnlichkeit unseres Angesichts mit dem alten Gott auf, der dem Ende geweiht ist – ohne sich auf die Immersion ins Unbestimmte zu beschränken. Die Maske hebt die alte Ähnlichkeit nur auf, um das zukünftige Gesicht des neuen Jahres zu suchen, zu prüfen. Nur zur Pascua florida werden wir dieses Gesicht wahrhaft erkennen. Dann wird die Hervorbringung der Masken aufs neue erstarren. Die abwechslungsreiche Vielzahl ihrer Möglichkeiten wird sich notwendigermaßen in *einem* Sinn, *einer* Richtung wieder beruhigen.

Die Maske führt das karnevaleske Prinzip der ‚Inversion' zu seinen radikalen Konsequenzen. Die Norm ist die Maske. Unsere ‚normalen' Gestalten sind es. Und das schallende Gelächter läßt sie explodieren. Die Maske zeigt im Karneval das wahre Gesicht. Nicht nur, weil die kosmische Kraft, an der die Maske teilhat, ursprünglich, archaisch ist, nicht nur, weil die Maske – negativ gefaßt – uns von den überkommenen Sitten befreit, sondern weil sie ihrem Wesen nach der Tod selbst ist. Die Maske des Todes, die Totenmaske, ist *die* Maske. Genau das, was keine Maske ist, was hinter jeder unserer Masken steht, wird im Karneval zur Maske. Der Tod mit der Narrenkappe, als Verrückter verkleidet, ist nicht vom Narren zu unterscheiden, der sich als Tod ‚maskiert' hat. Der Karneval zeigt uns in der Maske, die frei von jeder Zufälligkeit, von jeder Spur zufälliger Rollen ist, das wahre Antlitz.[15] Zur selben Zeit, im gleichen ‚psychologischen' Prozeß, da sich das wahre Gesicht – der Tod – als Maske darstellt, können wir ihn verlachen. In der Maske können wir den Tod unter ‚österlichem Aspekt' sehen. Wie es die wohlgefügten Rollen des alten Jahres auflöst, so löst das karnevaleske Lachen die ‚Bindung' an dieses Antlitz des Todes. Dies stellt der ‚maskierte' Narr dar.

Bei der Figur des Narren zu verweilen könnte nötig sein. Denn er ist der Träger der Maske schlechthin. Im ewigen Durcheinander auf dem Narrenschiff, jeglicher Erdbindung entfremdet, ist der Narr Mittler zwischen Alt und Neu, zwischen Winter und Frühling. Er verlacht die alte Hexe, Befana, die gebrechlich an der Schwelle des verbrauchten, vergangenen Jahres verharrt. Der Narr lädt ein, sie zu richten, und läßt den Karneval ‚los', indem er ihn ermuntert, das zu sein, „was man nicht ist"[16]. So – erklärt Zolla immer – ist der Henker Mittelsmann zwischen Schuld und Sühne, der Hermaphrodit zwischen Mann und Frau. Und die ‚zwei Körper' des Königs bei Shakespeare kommen einem zu Bewußtsein. Vielleicht aber ist die Gestalt des Märtyrers dem Narren am nächsten. Der Märtyrer vermittelt zwischen der ständigen Anwesenheit Gottes und dessen Abwesenheit. Das Gesetz des Kosmos herrscht tatsächlich immer. Aber *hier*, in der

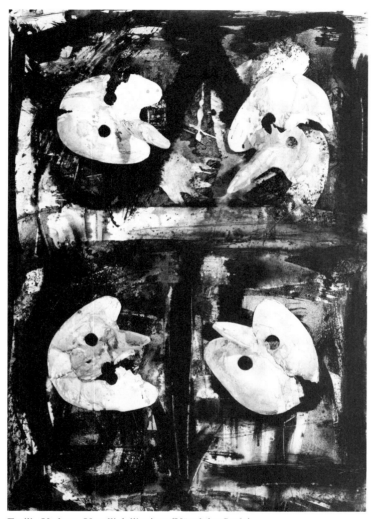
Emilio Vedova, Uccelli dell'anima (Vögel der Seele)

Zeit des Märtyrers (oder des Narren?), wird Gottes Gegenwart bezeugt, gerade weil er unsichtbar ist. Gleichfalls bezeugt der Narr die wesenhafte Nähe des Neuen, die bevorstehende Erfüllung der Zeit, gerade jetzt, wo man diese Erfüllung noch nicht sehen, sondern nur erahnen kann. Es ist notwendig, sich verrückt zu machen, um das neue Jahr bezeugen zu können. Man muß sich einschiffen, der Unmenge an Gefahren des Karnevals die Stirn bieten – bis zum Überstülpen der Maske des eigenen Todes. Klein spricht von einer Zeichnung, die Holbein auf den Rändern seiner Kopie des *Enconium Moriae* verewigt hat, auf der Christus mit einer Narrenkappe dargestellt ist, weil er sterbliches Fleisch werden wollte.

Die Menschheit findet sich in der Gestalt des Narren reflektiert. Der Narr spiegelt sie wider, denkt sie, hinterfragt sie, beurteilt sie. Er läuft herum und hält ihr den Spiegel und die Brille vor. Das Geheimnis des Spiegels ist so komplex, daß man hier nur kurz darauf eingehen kann[17], gewiß ist jedoch seine außerordentliche Nähe zum tieferen Sinn des karnevalesken Lachens. Denn der Spiegel macht sehen, enthüllt, aber gleichzeitig verblendet er. Er reflektiert durch Brechung. Er metamorphosiert, gestaltet um. Im Barock wurde die Obsession des Spiegels Kompositionsprinzip.[18] Aber Form des karnevalesken Lachens ist er schon seit jeher. Es gibt keine Reflexion ohne Metamorphosen, Halluzinationen der Gestalt. Daher könnte der Spiegel das Bild des Todes wiedergeben oder die Zeichen der Vergänglichkeit entdecken oder auch seine glatte Oberfläche in dämonischem Durcheinander bersten lassen. Nichts ist gefährlicher für den Spiegel. Aber tatsächlich gefährlich ist es, den Karneval zu er-fahren, zu segeln. Denn der Karneval bezeugt gleichzeitig und unauflöslich (d. h. symbolisch) die Vanitas aller bestimmten Grenzen und aller vorbestimmten Gestalten (der Spiegel als Geheimnis der Vanitas und der Melancholie, die uns angesichts des unheilvollen Schauspiels der Vergänglichkeit ergreift) und den ewigen Rhythmus der Re-kreation: den Wahnsinn der Fleischwerdung, den Paradox-Skandal der Auferstehung.

Wenn dieses Symbol zerbricht, dann kann kein Karneval mehr gegeben sein. Das einfache Lachen ist zersetzende, beißende Ironie. Ostern ohne Lachen ist keine ‚Pascua florida‘ mehr, es hat nicht länger teil an der kosmischen Erneuerung. Es wird blutleerer Moment, Alltag wie alles andere. Der Narr, der sich auf das kritische Reflektieren beschränkt – nicht länger Mittler, nicht länger Märtyrer –, ist nunmehr der Intellektuelle. Er verlacht die Maske des Todes nicht, sondern er verbirgt sie. Der Tanz, der sich nicht mehr ‚im Rhythmus‘ wiegt, gehört nicht zur erneuernden Orgie, sondern zum irreversiblen Kontinuum des Konsums. Er ist Verbrauch von Energie, nicht deren Re-kreation. Der Tanz, der den ‚Faden‘, der ihn lenkte, durchtrennt hat, bedeutet vielmehr, ebenso wie das frostige Lachen der Kritik, Unterhaltung: sie *unter-halten,* sie verhindern die Re-kreation[19]. Sie schaukeln sie auf und entziehen ihr die Grundlagen. Der Karneval ist das Gegenteil von Unterhaltung (dis-vertere), denn seine Zeit ist Bestandteil des kosmischen Jahres und sein Periculosum (Gefährlichkeit) ist Teil des Ganzen, „erleuchtet von einem Strahl von Metaphysik" könnten wir mit Jaspers sagen.[20] Der Karneval ist ja die Zeit der Krise, er ist aber als Krise innerhalb des kosmischen Jahres ‚zuhause‘, und er ist in diesem kosmischen Jahr die Zeit des Verrückten, des gelegentlichen Durchreisenden, des Pagats, des verlorenen Sohnes, Er wagt sich weit fort von der Erde des alten Rechts. Er stellt sich der zersetzenden Kraft des Wassers. Aber auf seinem Schiff wächst der heilige Baum, Axis mundi. Um ihn herum (an unsichtbaren Fäden) findet der Tanz statt.

Verliert sich aber jener Wille zum Rausch nicht in diesem Bild, schwindet darin nicht der Ekel vor dem Nomos, jene Sehnsucht schmerzlicher Atavismen, die Rang als *arche* des Karnevals ansieht? Im Jahreslauf reift die Angst vor dem Fehlen der Angst, der Panik. Im karnevalesken Interregnum bricht sie aus – und erfüllt sich auch. Dieser Rhythmus ist nur im Bild einer zyklischen Intuition des Kosmos verständlich. Aber diese Intuition ‚versichert‘ keineswegs die Angst, sie ent-

Emilio Vedova, Ades (Hades)

machtet sie nicht. Die wahre Angst ist vielmehr nur jene, die die tragische Notwendigkeit des Moments der Abwesenheit Apollons wahrnimmt, „wenn selbst Delphi Dionysos unterstellt ist" (Rang), seiner Dithyrambe, seinem bacchantischen Reigen. Außerhalb dieses Rhythmus gibt es keine Angst, sondern ‚unterhaltene' Angst, kein Pathos, sondern Pathetik. Der karnevaleske Rausch durchbricht die Astrologie, den geschlossenen Kreis des Kontinuums, weil er die Angst anerkennt, die erneuert und re-kreiert. Denn er verscheucht jeden Versuch, zu vergessen, wiederholt, will von neuem unaufhörlich ihre Pein. Dieser *Wille zur Angst* und zur Ablehnung des Vergessens ist der echte Wein des Karnevals. Aber außerhalb der zyklischen Intuition des Kosmos reift naturgemäß nur der Wein, der ‚unterhält', der den Kummer verscheucht, der ‚Brennstoff' des Vergessens ist.[21]

Außerhalb solcher Anschauung nimmt der ständige Niedergang des Karnevals seinen Lauf. Und dieser Niedergang ist in großem Maße der eigentliche Gegenstand der Rangschen Forschung. Was Rang für die Quintessenz des Geistes von Karneval hält – den dionysischen Enthusiasmus, der bei Salamina für immer den mesopotamischen Astrologos verwirft –, deutet schon die Richtung, den Sinn seines Unterganges an. Denn gerade im Ausdehnen des Interregnums der karnevalesken ‚Freiheit' in das ewige Reich der Freiheit des Geistes besteht der Niedergang des Karnevals. Insgesamt erscheint der Niedergang als ‚Erfüllung': Gilt nicht das karnevaleske Lachen in seinem Wesen als jene Energie, die das antike Pantheon auflöst? Als Ausrufung trunkener Freiheit des Geistes von allen seinen Begrenzungen? Und das Gefährliche des Karnevals, besteht es nicht im unlösbaren Rätsel des Merkmals, das die Hybris des bloß negierenden Lachens von dem unterscheidet, worin die österliche Erwartung insgesamt nachhallt? Sobald der Moment des Karnevals sich in ein Zeitkontinuum ausdehnt, in dem die freien Formen der Vernunft konstruieren-projektieren-produzieren, ist der Karneval vollendet: erfüllt *und damit zu Ende.* Das Ende des karnevalesken Lachens ist daher kein spätes Produkt der romantisch-christlichen Zivilisation, sondern ist in gewisser Weise schon an seinem Beginn verfügt. Nur im Anfang scheint dort ein schallendes Gelächter zu ertönen. Dann: Spuren, zusammenhanglose Erinnerungen, aus denen das Abendland mit Mühe den Wortschatz jenes Lachens schöpft, aber niemals dessen Sprache. Baroja hat recht: Die Vergeistigung des Karnevals ist der Prozeß, der ihn verurteilt. Der Prozeß aber ist nicht unbedingt Ausgeburt der Entwicklung moderner, urbaner Kulturen, der ‚Verbürgerlichung' des Festes. Er gründet in der *Absolutsetzung* der ‚Schalt'-Freiheit, in der *Ausdehnung* seiner Zeit. „Der Karneval ist gestorben. Er ist tot, und er ist nicht gestorben, um wiederzukehren, wie er es einst alle Jahre tat"[22]. Die Tatsache, daß unser – verstorbener – Karneval Sohn der Fastenzeit sein könnte, vermittelt den Eindruck, die Fastenzeit habe ihn getötet. Aber die christliche Fastenzeit läßt nichts weiter geschehen, als den Ritus seines Begräbnisses zu wiederholen. Sie begräbt und exhumiert. Sei es, daß der Karneval als unsinniger Lärm, sei es, daß er als ‚verstaatlichter'[23] Ritus erscheint, er hat jede re-kreative Kraft verloren, indem er zur bloßen Unterhaltung verkommt. Dies wiegt umso schwerer, als für uns re-kreieren und unterhalten Synonyme geworden sind.[24] Am Ursprung dieses Prozesses steht aber eine epochale Umwandlung der Auffassung von Zeit: die Freiheit des Geistes, der sich über sein *tragisches* Moment erhebt (der sich entwirft) – und schließlich neue Norm, Gesetz, Nomos wird. An diesem Punkt gibt es kein Interregnum mehr für das Außergewöhnliche, für die Ausnahme. Das Lachen, das einmal erschollen war, ist der normale Logos geworden. Der Inter-re, der Zwischenherrscher, hat widerrechtlich alle Macht über den gesamten Jahreslauf an sich gerissen. Dadurch hat er dieses Jahr linearisiert, er hat es ausgedehnt. So spielt es keine Rolle mehr, ob es hier noch einen Karneval gibt oder ob alles Karneval ist: „Die Unordnung hat den gesamten Ablauf der Existenz erschüttert, und heute hat sie sich so weit ausgebreitet, daß wir in einem sinistren, ewigen Karneval leben".[25] Man könnte aber ebensogut sagen, daß es keine Unordnung mehr gibt, in dem Sinn, daß das „Unentschiedene" abnimmt[26] und sich niemand mehr die Wiederkehr des Karnevals vorstellen kann. Unordnung ist nunmehr tatsächlich nichts anderes als Indifferenz und Äquivalenz. Unentwirrbarer Mäander, aber kein Labyrinth, das durch unerwartete Formen plötzlich vor der Kathedrale mündete, dort, wo der antike Karnevals-Umzug endete. Das Ende des Karnevals ist deshalb auch das Ende des re-kreierenden Spiels. Die kämpferische Sphäre des Spiels (die wesentlich für das Verstehen des karnevalesken Festes ist) geht in den ‚Ernst' des Immergleichen bloßer Dauer über.[27] Der alte Agon verweist tatsächlich auf die Zeit als determinierte Zeit, als Aus-schnitt, als spezifischen Augenblick, losgelöst von der fortwährenden Kontinuität. Von der Zeit als unaufhörlicher Bewegung (als bloßes Werden) kann sich im Gegenteil nichts lösen, nichts von der Zeit als einer Kette de-eschatologisierter Momente. Agons Zeit, die Zeit des Spiel-Agon, ist auch jene des Kairos; unsere Zeit jedoch ist die des Chronos, *edax rerum*. Er ist der unermüdliche, nimmersatte Augenblicks-Verschlinger, angesichts dessen kein Tag fest-stehen, bleiben kann, dessentwegen es keinen Festtag gibt. Wir müssen dennoch auch hier Datierungen vermeiden, die uns zu nah an diese ‚Krise' rücken. Schon im klassischen Agonismus erfreute man sich der „destruktiven Bestandteile" des freien Logos-Spieles. Bereits in der Sophistik ist dieser Agonismus ohne „jede religiöse Bindung"[28] – und daher der Aura des Festes, des Ritus, der Re-kreation benommen. Nicht mehr die Angst vor dem Fehlen der Angst belebt den Karneval, sondern die nihilistische Intention des Logos. Sein Blick ist es, der die Zeit in wüstenhafte Ausdehnung spannt, die den Augenblick des Kairos auf bloß flüchtige Momente reduziert und ihn daher manipulierbar und kalkulierbar macht.

Aber da gebiert diese Zeit schließlich Angst, die vielleicht der ähnelt, die einst angesichts des mesopotamischen Astro-

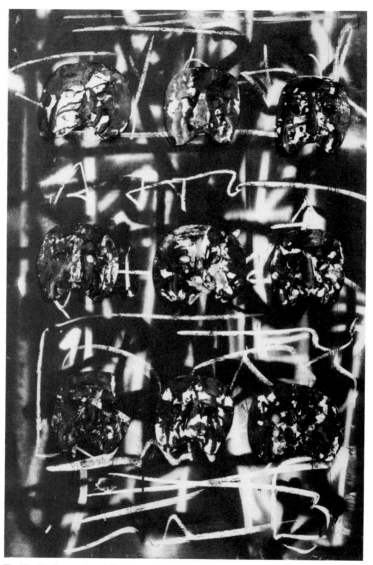

Emilio Vedova, ohne Titel

logos entstand. Er verfügt die universelle Anwendbarkeit eines partikulären Gesetzes: Überall und für jeden Organismus muß jene Funktion gelten, die den unausbleiblichen Verlust der Energie ausdrückt, der sich bei jeder Umwandlung bewahrheitet. Dieses Gesetz *muß* für alles gelten, was in der Zeit lebt. Und daher ist alles, was in der Zeit lebt, ihrer Gefräßigkeit unterworfen. Kein Ding könnte sich nämlich der irreversiblen Richtung zunehmender Entropie entziehen. Unsere Anschauung von Zeit schließt aus, daß in der Zeit etwas Nicht-Zeitliches gegeben sein könnte, das so dem Gesetz des Energieverlustes entzogen wäre. Von geschlossenen oder Teilsystemen bis hin zum gesamten Universum. Mit anderen Worten: In der Zeit könnten keine Funktionen von Re-kreation oder von Wiederaufbau an Energie geschehen. In der Zeit wären keine Momente des Karnevals vorstellbar. Und wenn der Sinn wachsender Entropie in der Dauer und im irreversiblen Konsum liegt, könnten wir den Augenblick, in dem ein Organismus neue Energie zugeführt bekommt, *ektropisch* nennen. In diesem Augenblick erneuert der Organismus seine eigene Kraft oder Fähigkeit, der Gefräßigkeit des Kontinuums zu widerstehen. (Er transformiert seine Kraft, ohne sie zu verringern.) Wenn wir heute wieder über den Karneval nachdenken, dann denken wir ihn im Lichte der Angst vor dem Verlust der ektropischen Kraft. Aber schon im Erleiden *dieser* Angst liegt das Wiedererkennen des Problems. Dieses Pathos zeigt die Unerträglichkeit eines Chronos, der völlig auf den Mythos des allesfressenden Kronos bezogen ist, von einer Zeit, die von Chronos-Kronos beherrscht wird, der jeden Kairos verschlungen hat.[29] Die Angst ist zugleich Ursache einer neuerlichen Zuwendung (ad-tendere; zu-wenden) zu den Augenblicken, in denen das Geschehen die Bedeutung des Festes erlangt. Dies nicht als bloße Wiederkehr des Gleichen, sondern als rekreierendes Spiel, als ektropische Kraft. Eine Zeit ohne solche ektropischen Augenblicke gewährt im Tanz der Sterblichen nicht nur keine *eu-kairia*, das heißt glückliche Chance oder *chance tout-court*, sondern sie erscheint dazu verurteilt, sich selbst zu verschlingen; das heißt, alle ihre Masken (nicht nur jene des Karnevals) und zuletzt auch die Maske ‚Nicht-Maske', jene des Todes, zu fressen. Die vielleicht tiefste Erkenntnis des Aufsatzes von Rang besteht darin, die Figur Gottes, die der Karneval verlacht, individualisiert zu haben. Denn der Karneval verlacht nicht irgendeine Gottheit, sondern jene, die Rettung, Erlösung verheißt. Er verlacht daher *seinen eigenen* Gott: jenen, der sich als „Befreier von dem Fluch des Gesetzes" verkündet und der sich im Verlauf des Jahres als unfähig herausstellt, sein Versprechen einzulösen. Der Karneval, das Lachen des Karnevals zeigt die Ohnmacht des Erlösers. Wird der christliche Karneval nicht der Sohn dieser trauervollen Erkenntnis, vielmehr jener der Fastenzeit sein? Die periodische Wiederkehr der Ordnung implizierte noch die sichere Rückkehr des Rausch-Gottes, des Gottes der Ek-stase, der Re-kreation. Selbst wenn er als Erlöser *für immer* kam, wußten die Menschen, daß es bloß ein Moment war. Denn sie erwarteten ihn – und verlachten ihn. Der gotteslästerliche Spott des christlichen Karnevals – seine Gotteslästerung – ist unvergleichlich *entschiedener*. Hier wird die Ohnmacht des Erlösers tatsächlich nicht als selbstverständlich erachtet. Viel stärker könnte sie in keiner Weise eingestanden werden. Doch dehnt sich genau diese Ohnmacht auf die Zeit aus. Und indem sie die Zeit entspannt, schwindet der Karneval. Der Spott verwandelt sich in bloße Gotteslästerung, in absolute Enttäuschung, der Tanz wird bloßer Lärm – der überall und auf jede Weise ausbrechen kann. Wie kann man noch lachen, wenn das Lachen den Erlöser verspottet, einen Erlöser aber, der immer wiederkehrt und doch tot ist? Wie soll man lachen, wenn man sich von Gott, den man verlacht hat, befreit hat? Wie sollte man Nichts verlachen? Wenn die Ohnmacht des Erlösers als Kontinuum angesehen wird, dann reduziert sie sich auf das Kontinuum, auf Chronos-Kronos. Unter dessen Herrschaft irrt unsere ‚Freiheit' von Moment zu Moment. Wenn der Erlöser nur ein einziges Mal kommt – wenn seine Epiphanie einzigartig ist, wenn der entscheidende Moment wirklich nur jener ist –, wie kann die Zeit nach jenem Augenblick anders erscheinen denn als unendlicher Schiffbruch der Erwartung der Wiederkehr des Erlösers? Diese Erwartung wird unweigerlich den Ton der Dauer und des irreversiblen Konsums annehmen. Sie wird ihre eigene Kraft durch fortgesetzte Umwandlung ‚herabmindern'.

Was ist das beständige Ausbrechen-Explodieren der christlichen Sehnsucht nach der Neu-Ordnung, wenn nicht der verzweifelte Wille (oder die Erwartung) einer Wiederannäherung an den Augenblick, der von der Erlösung erhellt ist? Wenn nicht der Wille (oder die Erwartung), sich dem Gesetz der Dauer entziehen zu können? Aber die Reform-Bewegung hat nicht das geringste mit kosmischer Zyklizität gemein. Denn die Neu-Ordnung erlöst sich immer planend, projektierend, „im voraus" – als Revolution, im modernen säkularisierten Sinn[30], als ‚seriöser' Fortschritt, als Verneinung jedes möglichen Karnevals. Die Entschiedenheit jener einzigen Epiphanie besteht darin, bei jedem Fest, das an diese Epiphanie erinnert, die Wiederholung übermäßig und anmaßend gegen die Re-kreation zu stellen. Die Ritualisierung des Festes ist Grundlage seiner ‚bürgerlichen' Verstaatlichung. Und um wieviel ist der christliche Zustand angesichts des Karnevals angespannter und problematischer, verglichen mit dem jüdischen – der ein einziges flüchtiges Zwischenspiel rund um das goldene Kalb kennt, in dem das Gesetz für immer und restlos besiegt wird –, weil der christliche seinen Ursprung in einer authentischen Re-kreation des Gesetzes hat – worin schließlich die zwei Traditionen übereinstimmen: daß die zyklische Erneuerung unterbrochen ist, die ‚Ausnahme' nur in einem Ursprung besteht, der sich in der Zeit immer mehr entfernt. Und der Spott trifft einen Erlöser, der nicht wiederkehren kann – so lange, bis auch er schweigt, weil sein Objekt ‚erschöpft' ist.

Wie die Rettung in dieser Zeit nicht sagbar ist, so ist das Fest ebensowenig erneuerungsfähig. Aber was heute – vielleicht – an die Tür pocht – um den Beginn des Aufsatzes von Rang zu paraphrasieren –, sind nicht diese großen Sehnsüchte, sondern das Bedürfnis, die Chance des ektropischen Augenblicks auszuspielen, oder auszusprechen versuchen. Ein solcher Augenblick erlöst nicht von der Ordnung, sondern er rekreiert die Kraft, sie ertragen zu können. Er verspricht keine endgültige Ek-stase, sondern gibt die Energie, dem Gesetz zu widerstehen, *im* Gesetz, in der Zeit seiner unaufhörlichen Metamorphosen. Das Versprechen der Erlösung endet immer mit dem Mißlingen. Aber solche Augenblicke bestärken uns, der Wiederholung des Scheiterns ins Auge zu blicken. Sie bedeuten keine Auswege, aber immerhin gangbare Wege. Sie erlösen nicht, aber sie können *noch* gelästert und verlacht werden. Wir brauchen weder Heil noch Glück, wir kennen kaum ihren Klang, wir benötigen keinen Trost, sondern die Augenblicke, die die Kraft geben, zwischen den Ufern des Nomos zu widerstehen. Auch dies könnte noch *einen* Karneval zum Ausdruck bringen.

Anmerkungen

[1] J. C. Baroja, *Le carneval*, Paris 1979, S. 30.
[2] Zitiert nach R. Klein, *Il tema del pazzo e l'ironia umanistica*, ital. Ü. in R. Klein, *La forma e l'intelligibile*, Turin 1975, S. 485. Zur Verrücktheit und zum Humanismus vgl. auch die wichtigen Schriften in AA. VV., *L'Umanesimo e la „follia"*, Rom 1971.
[3] C. Schmitt, *Der Nomos der Erde*, Köln 1950. Die grandiose Eröffnung dieses Buches ist zur Gänze der Freiheit des Meeres gewidmet.
[4] M. Foucault, *Storia della follia*, ital. Ü., Mailand 1963, S. 47; dt. Ü.: *Wahnsinn und Gesellschaft. Eine Geschichte des Wahnsinns im Zeitalter der Vernunft*, Frankfurt am Main 1973.
[5] Über den Begriff Fest-tag vgl. die Aufsätze im Sammelband von M. Cacciari (Hrsg.), *Crucialità del tempo*, Neapel 1980. Ich möchte hier festhalten, daß Franz Rosenzweig, der in seinem wichtigen und großen Werk *Der Stern der Erlösung* zum Thema Festtag, besonders zu jenem hebräischen Festtag, Wichtiges geäußert hat, in Rang einen *Meister* des neuen Denkens sieht, einen Meister jener „erfahrenden Philosophie", jenes dialogischen Denkens, das den Geist des Systems kritisiert, der das All „frei" von jeder Zeit zu sprechen scheint. Rosenzweig zitiert „die epochemachenden Arbeiten, die größtenteils noch unveröffentlicht sind" von Ch. F. Rang gleichzeitig mit jenen von Eugen Rosenstock, Martin Buber und Ebner. (F. Rosenzweig, *Das neue Denken*, in *Kleinere Schriften*, Berlin 1937.
[6] K. Kerenyi, *La religione antica nelle sue linee fondamentali*, ital. Ü., Rom 1951, S. 45.

[7] M. Eliade, *Trattato di storia delle religioni*, ital. Ü., Turin 1972, S. 371, dt. Ü.: *Geschichte der religiösen Ideen*, Herder Freiburg, 3. Bd.
[8] E. Jünger, *Al muro di tempo*, ital. Ü., Rom 1965, S. 91; Originaltitel: *An der Zeitmauer*, Stuttgart 1960.
[9] M. Granet, *La religione dei cinesi*, ital. Ü., Mailand 1978, S. 18.
[10] J. C. Baroja, op. cit., S. 152.
[11] M. Bachtin, *L'opera di Rabelais e la cultura popolare*, ital. Ü., Turin 1979, S. 27; dt. Ü., *Rabelais und seine Welt. Volkskultur und Gegenkultur*, Frankfurt am Main 1985; vgl. die grundlegende Einführung in dieses Werk.
[12] Zum modernen diabolischen Lachen im Gegensatz zum ‚österlichen' Lachen vgl. A. Blok, *L'intelligencija e la rivoluzione*, ital. Ü., Mailand 1978; und: V. Rozanov, *L'apocalisse del nostro tempo*, ital. Ü., Mailand 1979, wo der Ausbruch des Lachens der Intelligenz dem Christentum selbst zugeschrieben wird. Zum Lachen im allgemeinen vgl. R. Klein, *Le rire*, in *L'Umanesimo e la follia*.
[13] R. Daumal, *La patafisica e la rivelazione del riso*, ital. Ü., in *Il „Grand Jeu"*, C. Rugafiori (Hrsg.), Mailand 1967, S. 79 ff.
[14] Zu dieser Symbologie vgl. M. Eliade, *Corde e Marionette*, in *Mefistofele e l'Androgino*, ital. Ü., Rom 1971; A. K. Coomaraswamy, *Lila; Play and seriousness*, und *Measures of fire*, beide Texte in *Selected papers*, Bd. 2, Princeton University Press, S. 148 ff. Wegen seiner entscheidenden Funktion in der „Europäischen Dramatik" vgl. auch U. v. Balthasar, *Introduzione al dramma*, Bd. 1 der *Teodrammatica*, ital. Ü., Mailand 1980, S. 130 ff.; Originaltitel: *Theodramatik*, Bd. 1: *Prolegomena*, Einsiedeln 1973.
[15] Dieses Thema taucht bei E. M. Cioran, *La tentation d'exister*, Paris 1956, wieder auf. Dt. Ü.: *Dasein als Versuchung*, Stuttgart 1983.
[16] E. Zolla, *Nota introduttiva*, in *Mistici dell'Occidente*, Bd. I, Mailand 1976, S. 36.
[17] Das Buch von J. Baltrušaitis, *Le miroir*, Paris 1978, erschöpft die Aspekte dieses Geheimnisses beinahe, mit Ausnahme gerade jener Zusammenhänge mit dem Thema der Verrücktheit.
[18] Vgl. ein weiteres Buch von Baltrušaitis, *Anamorfosi o magia artificiale degli effetti meravigliosi*, ital. Ü., Mailand 1978.
[19] Auch der römische Karneval von Goethe ist nunmehr einfache Unterhaltung.
[20] Das ist die Stelle der *Psychologie der Weltanschauungen*, zitiert nach Kerenyi am Schluß des Kapitels über den *Stile religioso greco e romano* in *La religione antica*, op. cit., S. 90 f.
[21] Diese These scheint E. Jünger in *Annäherungen, Drogen und Rausch*, Stuttgart 1970, zu stützen.
[22] Vgl. J. C. Baroja, op. cit., S. 25. Auch E. D'Ors hatte diese Motive des Karnevals angesprochen; vgl. *Le Barocco*, 1935.
[23] M. Bachtin, op. cit., S. 40–46; J. C. Baroja, op. cit., S. 159.
[24] Hier handelt es sich um ein Wortspiel mit „divertire" und „ricreare", das schwer ins Deutsche übertragbar ist. Denn im Italienischen ist „disvertere" (ent-wurzeln, ent-orten) etymologisch gesehen das Gegenteil von „ricreare". Im gängigen Sprachgebrauch sind die zwei Begriffe im Italienischen aber Synonyme.
[25] R. Guénon, *Sul significato delle feste carnevalesche*, in *Simboli della scienza sacra*, ital. Ü., Mailand 1975. S. 135.
[26] E. Jünger, op. cit., S. 82 f.

[27] J. Huizinga, *Homo ludens*, ital. Ü., Turin 1949, S. 102 f.; dt. Ü.: *Homo ludens. Vom Ursprung der Kultur im Spiel*, 1981. Der Hinweis auf den klassischen Text von Huizinga gilt nur für bestimmte analytische Aspekte. Eine ausführliche Kritik seines Ansatzes ist bei J. Ehrmann zu finden, *L' uomo in gioco*, ital. Ü., in AA. VV., *Il gioco nella cultura moderna*, Cosenza 1979.

[28] G. Colli, *La nascita della filosofia*, Mailand 1975, S. 99; dt. Ü.: *Die Geburt der Philosophie*, 1981.

[29] Es ist schwierig, diese Themen nicht im Lichte der großen figurativen Ausdrucksformen der Renaissance zu sehen. Vgl. E. Panofsky, *Il Padre Tempo*, in *Studi di iconologia*, ital. Ü., Turin 1975; dt. Ü.: *Studien zur Ikonologie. Humanistische Themen in der Kunst der Renaissance*, 1980. R. Wittkower, *Chance, Time Virtue* und *Patience and Chance*, in *Allegory and the Migration of Symbols*, London 1977; dt. Ü.: *Allegorie und der Wandel der Symbole in Antike und Renaissance*, 1983; AA. VV., *Il simbolismo del tempo. Studi di filosofia dell' arte*, Padua 1972.

[30] Ich möchte diesbezüglich noch einmal auf meinen Aufsatz *Progetto* in *Laboratorio politico*, 2/1981, verweisen.

Goya, „Disparate del Carnabal", „Karnevals-Verrücktheit". Dieses Bild ist eines der gewalttätigsten aus den *Sinnsprüchen*.

Goya, „El tiempo, la verdad y la historia", „Die Zeit, die Wahrheit und die Geschichte"; Skizze. In diesem Bild greift ein leidender, beinahe im Verfall porträtierter Kronos trotz der großen Flügel den nackten Körper der Veritas. (Will er sie uns zeigen, oder rauben?) Die Geschichte schildert uns, indem sie sich uns zuwendet, den ewigwährenden Wechsel in der Beziehung zwischen den beiden Gestalten.

Begriff und Symbole der ewigen Wiederkunft

Der Antichrist gründet nach Nietzsche seine ‚Macht' auf seine Konzeption von Zeit. Die Kraft der Kritik von Nietzsche konzentriert sich auf die Beziehung, die Metaphysik und Christentum zwischen Begriff und Zeit herstellen. Dies ist vielleicht der Schlüssel zum Verständnis vom Nihilismus und dessen möglicher Überwindung. „Begriff" bedeutet eigentlich die Zeit festhalten, begreifen. Im Akt des Begreifens, im Begriff, ist das Werden enthalten, das reine Werden der Dinge, die sich in der Zeit vergegenwärtigen. Der Begriff nährt sich von der Zeit. Seine Arbeit besteht darin, das *Problem* des Werdens festzuhalten, es zu fixieren und zu formen. Daß das Werden zur Form des Wesen-Sein wird, daß das Werden in dieser Form gefestigt, ihr untergeordnet und somit programmierbar-antizipierbar werden muß, drückt nichts als das Eigen-Wesen des Willens zur Macht des metaphysischen Logos aus. Es ist außerordentlich wichtig, sich diesen Aspekt vor Augen zu halten, wenn man über Nietzsche spricht. Dadurch wird man sich diese Dimension gut vergegenwärtigen, um hastige und dilettantische Ausflüchte vor der Metaphysik zu vermeiden.

Man könnte also sagen: Das Lexikon der Metaphysik stellt die Idole her, die vor dem Werden als solches schützen sollen. Im Begriff ist das Werden verändert worden. Das Werden – *im Begriff* – ist das Konzept des Werdens, also ein schon Zustand-Gewesenes. Auf diese Art kann man daher unmöglich das Werden als solches konzeptuell intendieren. Darin zeigt sich die Metaphysik als jene Abschaffung des Todes, von der Franz Rosenzweig sprach.[1] Ihr Wille zur Macht zeigt sich darin, daß sie das Werden als Nichts bestimmen will, in der Abschaffung des Werdens. Der Begriff überwindet jeden vorausgesetzten Charakter des Werdens. Die *Faktizität des Daseins* (Rosenzweig), die sein Problem darstellt, wird durch diskursive Arbeit aufgehoben. Die metaphysische Abschaffung des Todes ereignet sich gleichzeitig mit der Abschaffung jeder Voraussetzung, jeden Gesetzes, das nicht das Gesetz der Form des Begreifens durch das Subjekt ist. Die Überwindung der Entfremdung ist eigentlich die Abschaffung des Gesetzes, der Voraussetzung, des Gesetzes als äußerlicher Legalität. Daher stellt man sich die Überwindung der Entfremdung im Begriff der Zeit vor, im Konzipieren des Werdens. Die konzeptuelle Arbeit schafft die Faktizität des Werdens ab, sie macht aus seinem Kurs einen Dis-kurs. Gleichzeitig entfernt sie sich so aber auch vom Werden selbst. Seine Abschaffung nimmt die Konturen einer Entfernung, einer radikalen Abwendung an. In der *Phänomenologie des Geistes* wird die Religionskritik genau nach der Logik des Diskurses geführt, die jede Voraussetzung aufheben muß. Der Glaube ist an sich die Figur bloßen Voraussetzens. Und als solche ist er Figur der Entfremdung, der Trennung zwischen Substanz und Effektivität des Selbstbewußtseins. Im Glauben liegt die Substanz in der *Unmittelbarkeit*, d. h., sie erscheint noch nicht vermittelt, sie hat den Gang konzeptueller Arbeit noch nicht durchlaufen. Die Substanz wurde in ihm noch nicht im *Begriff* überwunden. Aber was unmittelbar ist, ist also Voraussetzung, ein Gesetz, das noch nicht in der Bewegung des Diskurses begriffen-konzipiert wurde, ein *Anderes*, das sich nicht aufhebt und das nicht auf sich zurückführt.

Hegel konzipiert den Glauben als Figur der Entfremdung, zur Abschaffung jeglicher Unmittelbarkeit unfähig, als Figur des bloßen ‚Verstreichens' der Zeit. Das Konzept ist der Prozeß der Aufhebung der Voraussetzung. Der Glaube dagegen nährt sich von der immer wiederkehrenden Darstellung der Voraussetzung. Der Begriff überwindet fortwährend die Unmittelbarkeit des Werdens. Der Glaube sieht hingegen darin die Gegenwart des Anderen, das im Mittelpunkt seiner Erfahrung steht. Aber wenn nun die Abschaffung des Todes durch die Metaphysik die Eigenschaften einer Ent-fernung, einer Verdrängung annimmt, dann scheint die Glaubenserfahrung nicht länger als unglückliche Entfremdung, die dem Diskurs vorangeht, sondern als Abgrenzung dessen, woran die Arbeit des Logos scheitert, sich spaltet. Dabei handelt es sich um die Kritik Kierkegaards, deren Spuren in jedem antidialektischen Denken der Gegenwart erkennbar sind. Wenn wir Nietzsche innerhalb dieser Koordinaten ansiedeln, wird die Unmöglichkeit einer ‚linearen' Behandlung seines Denkens plötzlich offenbar. Seine Beziehungen zu diesen philosophischen Traditionen erscheinen konstitutiv und rätselhaft. Nietzsches Kritik an der dialektischen Aufhebung – an der spezifischen Form, die bei Hegel die metaphysische Abschaffung des Werdens annimmt – begleitet das Problem der Erlösung von der Zeit und der ‚Erfüllung' des Werdens und verbindet sich unauflöslich mit ihm. Nietzsches Kritik am Glauben als zentraler Figur entfremdeter Existenz, die eins wird mit der Kritik an jeder Voraussetzung oder jedem Gesetz, beschränkt sich insgesamt nicht auf die alles vereinnahmende Begriffsbewegung. Das ist das Rätsel: Wie ist eine Kritik des dialektischen Systems denkbar, ohne daß sie Affirmation des Andersseins der Voraussetzung ist? Wie sind Kritik des Begriffs und radikale Glaubenskritik zugleich denkbar? Kritik der idealistischen Abschaffung und ‚Erfüllung' des Werdens?

Beginnen wir mit dem Glauben als spezifischer Kategorie der Erfahrung jüdisch-christlicher Religion. Nietzsches Kritik vereint tatsächlich *auch* jene Hegels in sich, die vom wesenhaften Anderssein der Voraussetzung im Glauben handelt. Welche Folgen dieses Festhalten an jener Kritik Hegels bei Nietzsche zeitigte, werden wir später zu klären suchen. Vorderhand ist es von Interesse, jenen anderen Aspekt der Kritik Nietzsches zu unterstreichen, der sich als das tatsächliche Hauptanliegen herausstellt. Es handelt sich dabei um einen Angriff auf den Glauben als *argumentum non apparentium*.[2] Das Wesentliche an religiöser Erfahrung ist das nicht konzeptuell überlieferbare Unsichtbare, das sich als solches bewahrt. Der innere Zusammenhang zwischen dem Glauben und dem Unsichtbaren ist für Nietzsche (etymologisch verstanden) der Skandal jüdisch-christlicher Religionserfahrung. Die Voraussetzung, um die es beim Glauben geht, ist das Unsichtbare. Das Sichtbare wird beständig als bloßer Schein verleumdet, als Hindernis für die unsichtbare Gottheit, oder als deren einfacher Buchstabe, dessen korrekte Interpretation nur allegorisch entwickelt werden kann. Im Glauben ist das Sichtbare zu radikaler *infirmitas* verdammt. Als solche ist es vollkommen unbegründet und unbegreiflich. Nur in Verbindung mit dem Unsichtbaren gewinnt das Sichtbare Charakter und Sinn, nur indem es sich als solches verleugnet, kann es sich retten.

Bei seiner Kritik aller Voraussetzung trifft der dialektische Logos auf die Figur der Voraussetzung als Unsichtbares im Glauben, auf die Figur des Andersseins des Unsichtbaren. Für solche Kritik kann dieses Anderssein im Glauben nur mittels unendlicher Ketten allegorischer Darstellungen überwunden werden, das heißt, es kann *nicht* überwunden werden. Bis zu diesem Punkt folgt Nietzsche der dialektischen Kritik. Aber die dialektische Überwindung des Unsichtbaren (die vollständige, sprachliche Herstellbarkeit jeglicher Erfahrung, die sie sicherstellen will) findet hier in der Form eines Durchbruchs der Erscheinungen zu ihren Grundlagen und ihrer Wesenheit statt. Der Begriff erkennt keinerlei Anderssein oder feststehende Unmittelbarkeit an. Denn für ihn ist alles Unsichtbare pro-duzierbar und alle Erscheinung überwindbare Individualität. Die Wahrheit der Erscheinung kommt in ihrem Schwinden zum Vorschein. Dieser Nihilismus des Begriffs aber entspricht jenem des Glaubens. Die Voraussetzung als Unsichtbares im Unsichtbaren zu beobachten und zu bewahren oder das Sichtbare in der Herausstellung seines Grundes dialektisch zu überwinden, diesem Spiel entspricht derselbe *Glaube* an die Nicht-Wahrheit der Erscheinungen, an die Notwendigkeit, sie zu überwinden, um dadurch deren Wahrheit annehmen zu können. Jede Philosophie des Subjekts – auch jene extreme, für die das Subjekt nichts als das letztendlich vollständig konzipierte Ganze ist, für die das Wesen zugleich Endpunkt und Beginn ist, hergestellt durch das Wirken des Negativen – muß die

Erscheinung als Schleier des Wahren denken, als erste Unmittelbarkeit, die in Zweifel zu ziehen und aufzuheben ist. Da es nichts Sichtbares außer der Erscheinung gibt, kehrt diese Dialektik zum Unsichtbaren als Grund zurück. Die Dialektik reproduziert solchermaßen die Unsichtbarkeit des Glaubens. Nietzsches Auffassung von der ‚Wahrheit‘ als Schleier der Oberfläche, der Erscheinung, das heißt als *Oberfläche der Oberfläche*, als ‚Effekt‘, der es unmöglich macht, die Erscheinung als solche zu begreifen, und der unerreichbare Tiefgründigkeit ‚außerhalb‘ dieser[3] anstreben läßt, diese Auffassung will genau die Kritik der konzeptuellen Aufhebung der Voraussetzung mit der Kritik des Glaubens zusammenspannen.

Dies reicht als Resultat nicht. Es beschränkt sich darauf, die wesentliche Ähnlichkeit zwischen der metaphysischen Abschaffung des Todes und der (scheinbaren) *Abschaffung des Lebens* durch den Glauben zu erklären, die Nietzsche hervorhebt. Die Struktur des Nihilismus dominiert beide. *Wahres Leben* besteht für beide nur außerhalb der Erscheinung, die in ihrem Schicksal zum Tode verurteilt ist. Aber nun entsteht das Problem erst: Führt das Wirken des Begriffes tatsächlich zur Aufhebung der Voraussetzung? Hat es so seine Kritik am Glauben gerechtfertigt? Wie kann man angesichts des Lebens des Scheinbaren bestehen, ohne es als Voraussetzung anerkennen zu müssen? Wie kann man die Anerkennung des Scheinbaren mit dem Problem der ‚Erfüllung‘ des Werdens in Einklang bringen? Und warum ergibt sich dieses Problem?

„Höchster Zustand", den ein Philosoph erreichen kann, sagt Nietzsche, ist es, angesichts des Daseins „dionysisch" stehen zu vermögen. Amor fati ist „meine Formel", um eine solche Form von Existenz zu symbolisieren. Beginnen wir mit der negativen Seite der dionysischen Existenz. Sie ist das Gegenteil von Glaubenserfahrung. Ihre *tragische Vision*, ihr *Theoriesein*, steht in krassem Widerspruch zum unsichtbaren Grund des Glaubens. Nietzsche ist ein guter Schüler Hegels, wenn er einen unüberwindbaren Unterschied zwischen Tragödie und Christentum annimmt. Der ‚Romantiker‘ nimmt das eigentliche tragische Element ebensowenig wahr wie die jüdische Kultur.⁴ Die tragische Theorie ignoriert jede unsichtbare Transzendenz, sie schreibt die Notwendigkeit gewaltsam den verborgensten Fäden des Ereignisses zu. Wie wir noch sehen werden, gilt für Nietzsche, angesichts seines „dionysischen Daseins", nur Spinoza als schlichte und erhabene Wahlverwandtschaft. Die Glaubenserfahrung ist für Nietzsche das sicherste Symptom der Dekadenz und des Ressentiments, das die Dekadenz angesichts der Erscheinung begleitet. Sie ist daher nicht fähig, dem schrecklichen Dialog mit der Erscheinung standzuhalten. Die dialektische Vernunft bleibt andererseits insofern auf ‚romantischen' Trampelpfaden, als sie sich darauf beschränkt, die Dimension des Subjekts, des Grundes⁵ weiter zu verschieben. Auch für die dialektische Vernunft offenbart sich die Wahrheit des Da-seins nur in seinem Schwinden, in der Arbeit, die es auf das Wesentliche reduziert. Also ist die dialektische Vernunft am Ende nicht imstande, die Voraussetzung aufzulösen und sich ihren Intentionen gemäß wahrhaft als Philosophie der Freiheit⁶ darzustellen.

Die Aporien des Glaubens und der Dialektik im Hinblick auf das Problem der Voraussetzung verweisen auf einen viel ursprünglicheren Gegensatz. Doch bemerken wir schon jetzt, daß die Kritik Nietzsches nicht gegen die Erforschung der Überwindung der Voraussetzung gerichtet ist, sondern gegen das Scheitern, zu dem diese Suche in der jüdisch-christlichen Philosophie und Theologie gelangte. Nun stellt man sich die Frage: Wenn die Voraussetzung für den Glauben im Unsichtbaren besteht, dann ist der Glaube nicht fähig, die Angriffe rational-diskursiven Zweifels auf seine Argumente zurückzuweisen. Das Herz des Glaubens ist grundsätzlich un-ruhig, *inquietum*, weil seine Voraussetzung un-sicher, *in-firmum* ist. Die produktive Kraft der dialektischen Vernunft besteht in einem völligen Sichtbarmachen der Voraussetzung, bis dadurch deren radikale Unsicherheit überwunden werden kann. Mit anderen Worten: Die Voraussetzung in der Erfahrung und in der Verkündung des Glaubens ist nicht fähig, von sich aus das

Werden-Sein zu ‚erfüllen'. Der Zweifel, der den Glauben quält, verweist unentwirrbar auf die historisch-zeitliche Dimension zurück. Sie ist gleichsam das zweite Antlitz des Ereignisses. Wir bleiben der Wahrheit des Grundes entfremdet, im Ereignis sind wir nur ‚Inseln' hinsichtlich des Wahren. Der Glaube ist deshalb Teil der Dekadenz: wegen seines Gebundenseins an die Dimension der Geschichte, wegen seiner unerlösbaren Historizität, die vom „Paradies der Archetypen und der Wiederholung"[7] ‚abgefallen' erscheint. Aber auch jene Dialektik ist eine falsche Form der Erlösung. Wenn sich die Annihilation des Werdens an sich im Begriff vollenden muß, im Begriff das Werden andererseits nichts ist, nicht ist, ist in ihm das Werden bloß Gewordenes oder Zustandgewesenes. Das bedeutet, daß das Werden außerhalb des Begriffs ‚unerlöst' bleibt und daß es angesichts dieser Dimension der Zeitlichkeit ohnmächtig ist. Die Unsicherheit des Glaubens verschiebt sich wohl leicht, aber ohne im Produktiven dialektischer Vernunft überwunden worden zu sein.

Das unmittelbar wirksame Element der Kritik Nietzsches besteht darin, in derselben Genealogie der Verleumder des Sichtbaren die religiöse Erfahrung des Juden- und Christentums und die dialektische Vernunft (als extreme Philosophie des Grundes) zu vereinen. Aber nur am Ende dieses Weges kommt das wahre Problem des Denkens von Nietzsche zum Vorschein: Diese Kritik öffnet sich nicht einem einfachen Stehen vor der Notwendigkeit des Werdens, einer ‚heroischen' Übernahme der Historizität, sondern dem Problem der Erlösung von der Zeit. Das wahrhaft Objektive an der Kritik Nietzsches ist die wesenhafte Historizität der jüdisch-christlichen Religion, nach der die Schöpfung selbst in der Zeit entstandenes Werk ist, zeitabhängig und ursprünglich historisierend[8], und in gleichem Ausmaß des Begriffes der diskursiven Arbeit, die der nicht möglichen Bestimmung des Unabänderlichen gewidmet ist. Glaube und Dialektik drücken verfremdete Formen der Existenz aus, nicht nur, weil sie in bezug auf die Erscheinung nihilistisch sind, nicht nur, weil sie nicht fähig sind, der fürchterlichen Gegenüberstellung mit dem Geschehen standzuhalten, und sie daher die Dimension, das Antlitz der Notwendigkeit in das Unsichtbare verdrängen müssen, sondern weil Glaube und Dialektik das Geschichtliche in ihrem Wesen, die unentwirrbaren Zusammenhänge mit der ‚gefallenen' Geschichte ausdrücken.

Dieselbe Form, mit der man traditionellerweise versucht ist, auf die Angst um die Geschichte Antwort zu geben, verurteilt zu diesem Resultat. Genau solche Form manifestiert sich in der Metaphysik des Grundes, in der Verdrängung aller Erscheinung ins Unsichtbare der Begründung. Die Kritik des Subjekts bildet also in Wahrheit den Kernpunkt in der Kritik Nietzsches. Aber dieses erste Moment erschöpft sicher nicht das Gesamtgebäude. Die Kritik des Subjekts durch Nietzsche wird umso bedeutender und – wegen einiger Aspekte – umso paradoxer, wenn man hervorhebt, wie sie sich in dem Problem der Erlösung von der Zeit vollendet, in dem Problem der ‚Erfüllung' des Werdens als des höchsten Willens zur Macht. Was traditionellerweise im Bereich des ‚Romantischen' als Schutz vor dem Werden errichtet wurde, wird solange präventiv niedergekämpft, bis das Werden selbst effektiv beherrscht werden kann. Das Unabänderliche wird gespalten, dekonstruiert, in all seinen vollkommen unbewußten und unbekennbaren Gründen erbarmungslos analysiert, in all seinen Ängsten und Schuldgefühlen verfolgt, nicht um zu einem allgemeinen Loblied auf das Ereignis zu kommen, sondern um die authentische Dimension zu entdecken, in der man sich Erlösung von der Zeit verspricht. „Dionysisches Stehen" angesichts des Wesens bedeutet daher, die Form der ‚Erfüllung' des Werdens gerade durch die systematische Zerstörung des Grundes, des unsichtbaren Unabänderlichen einerseits und in der Aufhebung der Voraussetzung des Glaubens andererseits zu finden.

Niemals hat die wesentlichste Seite der Kritik Nietzsches beredtere Bilder gefunden als bei Vasilji Rozanov. Der Mensch im Aufstand gegen die unentwirrbaren Zusammenhänge der

Geschichtlichkeit mit der Verleumdung der Erscheinung, die den jüdisch-christlichen Glauben charakterisiert, gerät in sich zu vollkommener Verzweiflung. Und in anderer Umgebung konnte das exakte Verständnis des „Gott ist tot" von Nietzsche nicht Fuß fassen. Nietzsche verstand es, dies für ein *anderes* Europa zu verkünden. Nicht für jenes Europa, das Gott schon unendlich viele Male mit den Waffen seiner Aufklärung zu Tode gebracht hatte. Nur im Rußland eines Dostojevskij, zwischen Dostojevskij und dem Krieg, konnte der Tod Gottes nach Nietzsche in seiner Authentizität verstanden werden. Der Tod des ‚romantischen' Gottes ist der notwendige Tod falscher Unabänderlichkeiten. Er kennzeichnet den Gipfel der Verzweiflung an unserer Geschichte, um den Sprung in ein neues, abgründliches Denken möglich zu machen, für das Notwendigkeit und Ereignis eins sein würden. Der Tod Gottes ist nicht einfach ‚heroische' Entzauberung, sondern Verkündung dieser neuen Notwendigkeit. Nur wer den alten Gott sehr gut kennt und zu ihm jahrhundertealtes Vertrauen gefaßt hat, der versteht, welchen Bruch, welches kosmische Trauma sein Tod bedeutet, der findet in sich zugleich die Kraft, noch einmal eine Antwort auf jene Frage zu versuchen, an der der alte Gott gescheitert ist, nicht um diese Frage zu verdrängen oder danach zu trachten, an ihr zu genesen.

Der Zusammenhang des Nihilismus mit dem Christentum steht im Mittelpunkt des apokalyptischen Denkens Rozanovs. Es enthüllt das Hauptmotiv der Nietzsche-Kritik. Das Christentum verursacht eine kosmische Entgleisung solchen Ausmaßes, daß es eine Epoche radikalen Nihilismus beginnen ließ. Auch die ganze vorangegangene Geschichte wird in diesem neuen, nihilistischen Schema verstanden werden. Dort, wo das Feuer Christi entflammt, „wird niemals mehr etwas gedeihen"[9]. Die Schönheit der Welt wird von jener Christi geschmäht. Sie ist wie ein Schneesturm, der alles ‚dort hinauf' reißt. Das Schicksal der Dinge in der Welt erscheint als ihr Martyrium. Sie können Gott nur als Märtyrer bezeugen. ‚Hier unten' werden wir zu Engeln: „Denn siehe, endlich ist das

Rätsel der Worte auf die Eunuchen entziffert". Christus handelt wie Saturn gegen Uranus. Er ist gekommen, um den Vater zu entmannen und dessen Kreatur zu verletzen. Um ohne Sünde zu sein, ist es notwendig, „die Welt aufzugeben, (...) das heißt, sie ihrer Kraft zu berauben". Die Welt ihrer Kraft zu berauben, das ist das eigentliche Wesen des Nihilismus. Die Welt stützt sich auf Anderes; die Ordnung, die dort herrscht, gehört nicht zu den Wesen, die sich in ihr manifestieren. Die Welt kann sich nur retten, wenn sie in die Wüste fortschreitet. „Keine Reiche (...) Keine Welt. Im Grunde braucht man ‚nichts' (...) Nihilismus. Ah, siehe da, *wo bleibt jetzt also ihre Wurzel*".

Dieses Motiv dominiert bei Rozanov überall und ganz besonders in einer außerordentlichen Schrift, einer unglaublichen Vermischung von Mystizismus und Gotteslästerung. Diese Schrift, *Der süße Jesus und die bitteren Früchte der Welt*[10], las Rozanov im November 1907 bei einer Versammlung der religions-philosophischen Gesellschaft in Petersburg, die sich um Merezkovskij und Berdjaev gesammelt hatte. Wenn Nietzsche Slawe gewesen wäre, wie er es glühendst erträumte, hätte er so gesprochen. Es gibt eine unüberwindbare Kakophonie zwischen dem Evangelium und der Welt. Wo der Neue Bund erscheint, muß der Alte verschlungen werden. Weltfremdheit ist die Bedingung der Liebe zu Christus. Für Paulus dürfen die Dinge der Welt nur unter dem Gesichtspunkt „des *Unentbehrlichen* und des Nützlichen" existieren. Für das Christentum entbehren die Dinge jeglichen inneren Wertes. Sie sind nichts als nützlich, da sie von Gott dem Menschen *vollkommen zur Verfügung* gestellt worden sind. Für das Christentum ist Christus „Monofiore", „die einzige Blume". Gehen, Essen, Schlafen ist notwendig. Aber erfreuen darf man sich nur an Christus. Die Ähnlichkeit der Bilder mit denen von Nietzsche wird in voller Klarheit sichtbar, wo Rozanov den ‚Stil' Christi definiert: „Christus lacht niemals". Der Aufgeklärte ist bei Nietzsche der, der schließlich die fröhliche Wissenschaft des *Lachens* gelernt hat. Die Gestalt, die gerade durch ihr Befremden dem Lachen gegenüber gekennzeichnet ist, kann nur der große Gegner Zarathustras sein. Antichrist ist der, der lacht. Jedes Lachen mindert das Christsein. „Wir lassen uns nicht von der Feldlilie bezaubern. In keinem Fall handelt es sich um Botanik oder Gartenbaukunst, um Wissenschaft oder um Poesie, sondern nur um einen Grundriß, um ein Lachen jenseits der Erde". Wo die „Monofiore" Christus blüht, muß „sinistres, überirdisches, entschlossenes" *Schweigen* gegen Lachen und Liebe und irdische Leidenschaft ankämpfen. Eine *„universelle Unvereinbarkeit"* markiert den Unterschied zwischen Verzückung und dem Evangelium. Und dies nachgerade mit Kierkegaards verzweifelt klingenden Akzenten: „Für unser Ohr sind Worte wie ‚christliche Ehe', ‚christliche Familie', ‚Kinder Gottes' vertraut. Welche Illusion: Es ist sicher, daß niemals etwas Ähnliches existierte, und daß es niemals, nicht bis zum Ende aller Zeiten, so etwas geben wird". Die „Süße" Christi läßt alle Früchte dieser Welt bitter werden. *Unter* dem Einband des himmlischen Buches sind die Früchte der Welt begraben, sind die Götter versenkt, die deren Glorie, deren Wahrheit bekundeten. Die Götter sind nicht bloß – wie Heine meinte – im Exil, sie sind schon begraben. Der christliche Glaube hat im Hinblick auf ihr feierliches Schreiten, ihre *sichtbare* Notwendigkeit, geblendet. Man stelle sich einmal Paulus im Theater vor! In der Tragödie jedoch hatte die Notwendigkeit eben deshalb Bestand.

Aber, von welcher Welt spricht man? Von welchem Sichtbaren? Wird hier die Verzückung für das Wesen an sich gegen die christliche „Monofiore" überschwenglich hervorgehoben? Ist es der unvorhersehbare und vielgestaltige Rhythmus des Ereignisses, das sich gegen die Geschichtlichkeit des Glaubens, gegen dessen Theo-logie stellt? So interpretiert jedenfalls Berdjaev[11] den Angriff von Rozanov. Und genau in diesem Sinn ist auch die Nietzsche-Kritik unzählige Male schon gedeutet worden. Die Welt, die in Christus stirbt, setzt Berdjaev fort, ist die Welt des Alltäglichen, seiner ‚Ruhe'. Rozanov stelle dem wahren Leben Christi das Leben des Alltäglichen und der Illusion entgegen. Er verwechsle dabei, was im

Leben nur Vergängliches sei, mit dem Göttlichen, das Christus mit seiner vom Sterblichen losgelösten Glorie verkündet habe. „Christus ist der Retter der wahren Welt". Und schließlich das erläuternde Wort: Rozanov erhebe den Anspruch, mit seiner Erhöhung des Alltäglichen, des Vergänglichen und des diabolisch Chaotischen, das dem Göttlichen entgegengesetzt sei, Anstoß zu erregen. Tatsächlich sei er aber vollkommen ein Kind seiner Zeit, das am Prozeß der Säkularisierung des Christentums, der diese Zeit charakterisiert, teilnimmt. „Das offizielle Christentum hat sich schon vor Zeiten zum Alltäglichen bekehrt, das dem Herzen Rozanovs so teuer ist". Warum diese Ausführungen? Weil in ihnen mit großer Klarheit ein zweifaches Mißverständnis zum Vorschein kommt, das sowohl Rozanov als auch Nietzsche betrifft: einerseits die Reduktion ihres Denkens auf die Dimension des unmittelbaren Erlebnisses; andererseits die aufklärerische Interpretation dieses Denkens im Sinne der Säkularisierung-Rationalisierung. Dieses zweifache Mißverständnis führt dazu, daß Nietzsche ohne Vorbehalte in die Reihe der bloßen Kritiker der metaphysischen Tradition eingeordnet werden kann und dadurch das vollkommen ausgemerzt wird, was bei ihm das Rätsel ausmacht, sein Hauptproblem: wie man im Ereignis die Möglichkeit der Erlösung von der Zeit ergreifen könne?

Das Rätsel ist bei Rozanov identisch. Seine Antwort offenbart in gewisser Weise die Bilder, die Ideen, die symbolischen Formen, die sich in unentwirrbaren Spiralen ganz sicher mit der Antwort Nietzsches verbinden. Die Antwort ist nur vor dem Hintergrund einer erneuerten ‚mythischen' Erfahrung verständlich, oder besser: vor dem Hintergrund einer erneuerten Fähigkeit, *den Mythos* einzubilden. Das unleugbar ‚Theatralische' eines Werkes wie *Also sprach Zarathustra* resultiert aus der Notwendigkeit dieser Einbildungskraft. In ihr träumt eine unerschöpfliche, imaginative Kraft, gegen den christlichen Nihilismus, nicht einfach die begrabenen Götter, sondern das komplexe Bild *kosmischer Religiosität*, die ihre Figuren nährte.

Das Wesen besitzt bei Rozanov *solare* Natur (die sonnenhafte Natur, die Goethe Plotin folgend besungen hat). Rozanov ist nicht angesichts des alltäglichen Dis-kurrierens ‚religiös' (religere = verbinden), sondern angesichts des Wesens *als Sonne*, des Sterblichen als Notwendigen, als ewiger Singularität, die nicht vernichtbar ist. Celsus, Julianus Augustus und der solare Hermetismus der ersten Renaissance erfüllen mit ihrer Form diesen Traum, diese Nostalgie. Das Problem der Überwindung des Nihilismus erscheint hier in all der Herrlichkeit seiner Überreste, seiner Vergangenheit, seiner unvollkommenen Aufbrüche. Dem „mysteriösen Schatten" Christi, „der die Welt in ihrem Innersten auf das Wesentliche entblößt hat", seiner Herrschaft, die die Welt als Nichts erscheinen läßt, antwortet die Verehrung der Macht der Sonne, der Glorie eines Kosmos, der nach Julianus „seit aller Ewigkeit ohne Schöpfungsakt besteht und niemals ein Ende finden wird", der „vom Gipfel des himmlischen Gewölbes bis zu den abgründigen Tiefen der Erde" von der Notwendigkeit beherrscht wird. Die Sonne ist das unbezwingbare Wesen. Sie ist das Wesen, notwendig und unbesiegbar. „Wenn Du also Gott sehen willst, gedenke der Sonne", so steht es im fünften Traktat des *Corpus Hermeticum* geschrieben, „des höchsten Gottes unter den Göttern des Himmels, vor dem all die himmlischen Götter das Knie beugen, wie vor einem König und vor dem Herrn".[12] Die Akzente dieser verschütteten Tradition klingen bei Rozanov überall wieder an. Aber seine *Fiktion* unterliegt keinesfalls einer literarischen Aufarbeitung. Auch darin besteht das zentrale philosophische Problem Nietzsches. Konnte solche *Theorie* des Wesens den Nihilismus überwinden? Wie die Erscheinung nicht schmähen? „Nicht für den Menschen", könnte man mit Celsus wiederholen, „wurde das Universum geschaffen, auch nicht für den Löwen, den Adler oder die Wölfin, sondern damit sich dieser Kosmos als vollkommen göttliches und absolut vollendetes Werk realisieren könnte". Auch die Vögel vereinen sich zu Gemeinschaften, die „offensichtlich geheiligter als unsere" sind. Kein Tier ist der Gottheit treuer, weiß mehr vom

Göttlichen, als der Elefant. Göttlich ist die Welt: sie ist Grund und Substanz an sich, göttliche *Erscheinung*. Das Licht der Sonne bindet sie. *Goldene Kette der Sonne*.[13] Sie schafft einen Kosmos unvergänglicher Schönheit. Das, was Goethe als letztes *sah*, und Nietzsche nur in Goethe. Nietzsche konnte es nämlich nur *studieren*. Die neue solare Dimension des Wesens, das Ägypten von Rozanov, begrabener Ursprung der Religionen, wird sich nur durch den Tod des christlichen Gottes wieder behaupten können. Die Vorahnung dieses Todes scheint für Rozanov schon in der *Apokalypse* des Johannes durch. Der Christus, der sich hier offenbart, „hat nichts mit jenem gemein, von dem die Evangelien erzählen". Dieser Christus kommt, das Christentum selbst zu zerstören, das in seinem Elend „heult und klagt". Er kommt, „etwas Neues, (...) die Freude des Lebens auf Erden – *und nur auf Erden*" zu schaffen, „Freude, die alles andere übertrifft, das die Menschheit im Lauf ihrer Geschichte gesehen und erhofft hat".[14] Christus kommt, das Christentum zu richten, dessen Unfähigkeit, uns ein „irdisches Leben" zu geben. „Das Christentum ist nicht Wahrheit, sondern Ohnmacht". Der Christus der Evangelien ist „ohne irdische Herkunft, (...) Schatten beinahe, Phantasma (...). Als wäre er bloß ein Name, eine Erzählung". Der Christus der *Apokalypse* hingegen ist der Morgen, der die Nacht des Christentums besiegt. In den *Abgefallenen Blättern* ist das Christentum der Abend, die heidnische Religion der Morgen.[15] Die *Apokalypse* erscheint wie der *letzte* Abend, der letzte Sonnenuntergang, dem jeder Morgen jedes Einzeldings und der ganzen Welt, als Physis und Kosmos, wird folgen müssen. Der Geschichtlichkeit der jüdisch-christlichen Theologie, der unerlösbar zerstörerischen *via recta* der christlichen Zeit, steht die kosmische Religion der Sonne entgegen, in der sich das Geschehen in sich selbst verwickelt und in den Kreisen der Wiederkunft wie ein göttliches Wesen ewig besteht. Das „Gott ist tot" Nietzsches kann in keinem anderen Zusammenhang verstanden werden. Es auf die allesbestimmende, aufklärerisch-progressive Ablehnung des Religiösen, auf die ‚entzauberte' Apologie einer Säkularisierung-Rationalisierung zu beschränken, verdeckt nicht nur seinen symbolischen Gehalt, sondern sein eigentliches philosophisches Problem. Das „Gott ist tot" bedeutet den Tod des evangelischen Christus, den Tod der Glaubenserfahrung, die im Zentrum der Religion steht, die er verkündet, bis das Sichtbare selbst als Sonne erscheint. Daß Gott gestorben ist, ist abgedroschene Banalität. Der Prozeß der Säkularisierung jedoch ist Produkt des Christentums selbst. Sein Nihilismus verwirklicht genau jenes Produkt des Glaubens. Den Tod Gottes zu verkünden verträgt sich nicht damit, die Dimension des Göttlichen zu überwinden. Die *größte Tat* besteht nicht in dieser Verkündung, sondern im *abgründlichen Denken* Zarathustras: im Verstehen dessen, was die *Apokalypse* selbst vorhersagt. Welche *Theorie* des Wesens könnte der *Apokalypse* nachfolgen?

Bei Nietzsche hat das Problem des Todes Gottes eine bloß einleitende Funktion. Es kann nur das symbolisch-konzeptuelle Bild des Denkens Nietzsches sichtbar werden lassen. *Daß der Gott stirbt*: das ist abgestandene Banalität. Unendlich viele Götter sind verschwunden, vom Menschen zu Tode gebracht. Und immer hat dieser Gottes-Mord eine schöpferische Funktion entwickelt, die Existenz des Menschen radikal gewandelt. Immer ist dieser Mord Grundstein für ein neues Jahr geworden. Die Opferung Gottes schafft oder erneuert die menschliche Existenz. Sie hat immer kosmogonischen Wert. Um eine wahre Renovatio zu gewährleisten, ist es notwendig, daß die alte Ordnung an ihrem Ende angelangt ist, daß sie vernichtet werden kann. Die äußerste Geste dieser Vernichtung besteht gerade im Gottes-Mord. Der Tod Gottes will also bedeuten, daß damit eine Ordnung in ihren letzten Zügen liegt, daß sich ein ganzes Jahr verbraucht hat. Aber er will ebenso bedeuten, daß dieses Opfer *kreiert*. Dieses Opfer ist also keineswegs auf seinen unmittelbar nihilistischen Gehalt reduzierbar, es bedeutet eine wahre Renovatio.[16]

Ein Gott, der heute stirbt, ist ein müßig gewordener Gott, ein Deus otiosus. ‚Logisiert', aufgelöst im höchsten Wesen der Metaphysik, hat er seine Aktualität verloren. Seine Schöpfung entschwindet im Vergessen. Seine Kraft vergeht. Nachdem er sich absolut gemacht hat, „hat er nichts mehr mit uns zu tun". Nietzsches sterbender Gott ist dieser absolute Gott, dieses Ens summum, dessen religiöse Müßigkeit schon Bruno bestätigt. Er kann nicht mehr intervenieren, vermag nicht mehr zu *entscheiden*. Als Garant unverrückbarer Ordnung der Schöpfung hat er sich entweder mit ihr identifiziert oder ist er gezwungen, sich in himmlische Ferne zurückzuziehen. Seine Ohnmacht wird an der Unverrückbarkeit der Ordnung des Geschaffenen besonders deutlich. Diese Ordnung ist nicht erneuerbar. Sie duldet keine *Wunder* mehr. Die Welt wird *securus adversus Deos*. Nietzsches Vorstellung von Gottes Tod entwickelt sich auf diesem genauen dezisionistischen Fundament.[17] Der christliche Gott ist Teil der Dekadenz. Er gilt als Fundament einer teleologisch-progressiven Vision der Geschichte, die jeden Sprung (der Tigersprung Benjamins!) zu verhindern trachtet. Aber die Dekadenz führt notwendig zu absoluter Müßigkeit. Nur wenn dieses Spiel auffällt und man „Gott ist tot" ausruft, und dies vor den *letzten* Menschen verkündet, könnte das beginnen, was wirklich zählt: die neue Schöpfung.

Betrachten wir die mythischen Archetypen des Todes der Götter, denn hier werden entscheidende Unterschiede deutlich. Der Gott, der hier stirbt, ist der kosmogonische Gott par excellence. Er hat die Welt geschaffen und die Zeit, die der geschaffenen Welt zukommt. Darüber hinaus ereignet sich sein Tod nicht mittels eines offenkundigen Opferganges, sondern er stirbt an Erschöpfung, an einem Übermaß von Schwäche und Faulheit, im wesentlichen an Dekadenz. Und die Symptome dieser unabwendbaren Dekadenz waren schon im Charakter seiner Schöpfung selbst enthalten. Seine Schöpfung erlaubt das Werden. Sie akzeptiert dessen irreversible Form, deren zerstörerischen Charakter. Daher wohnen wir dem Paradox bei: der absolute Gott löst sich machtlos im historischen Werden auf, weil er eine immanente Ordnung konstituieren wollte, die Bedingung der Rationalität-Vorhersehbarkeit. Aber solcher Anspruch vergeht – wie wir wissen – umso eher in der Müßigkeit des Begriffes angesichts des Werdens als solchen. Der absolute Gott ist Teil falscher, unveränderlicher Werte, die von Menschen aus der Verzweiflung geboren werden, das Ereignis begreifen zu vermögen. Das Absolute ist ein Produkt. Es meint abgelöst sein von jeglicher Kontingenz, jeglicher Occasio, Fortuna entrissen. Wer hat also das Absolute so beschaffen gemacht? Die geschaffenen Götter sind Idole. Und unaufhörlich werden diese Götter geboren und sie sterben dann wieder. Darum ‚erlöst' die Dimension des Absoluten nicht von der Zeit. Jede Bemühung, vom Ereignis zu abstrahieren, jeder Versuch einer Auflösung, Überwindung der Erscheinung führt angesichts der Erscheinung selbst zum Absoluten *als solch tröstlicher Ohnmacht.* Das Denken über den Tod Gottes ist aus diesem Grund Teil der gesamten Kritik Nietzsches am Absoluten, am festen Fundament *(fundamentum inconcussum),* weil dieser Gott die Erscheinung schmäht, aber gleichzeitig der Zeit oder besser: nur dem historisch-zeitlichen Aspekt der Zeit angehört. Außerdem verhindert das Absolute die Entscheidung: es tendiert dazu, jede Handlung oder Praxis mit der Müßigkeit des Gottes zu brandmarken. Der Tod dieses Gottes trifft daher mit dem Beginn der Möglichkeit zu einer wahren Entscheidung zusammen. Der Kosmos, den dieser Tod erneuert, gehört zum Willen zur Entscheidung. Nur die Entscheidung kann von jeder Voraussetzung befreien. Ihre Struktur ist sogar die einzige Dimension, in der sich diese Freiheit bestätigen kann. Der Tod dieses Gottes fällt zusammen mit dem Tod jeder möglichen, erneuerten Affirmation der Voraussetzung oder des Absoluten. Er ereignet sich zugleich mit dem Erwachen einer Welt, die als Wille zum Entscheiden und zum Sich-entscheiden-Wollen besteht. Darin liegt die Besonderheit dieses Todes.

An sich ist solche Besonderheit tatsächlich nicht nur bei Nietzsche zu finden. Das Denken über den Tod Gottes hat seinen Ursprung in jener Renaissance, auf die wir schon verwiesen haben. Wie jede Institution und jeder irdische Organismus sind auch die Religionen und ihre Götter dazu bestimmt, sich zu korrumpieren und aufzulösen. Im Verlauf ihrer Entwicklung, erklärt Pomponazzi, verliert jede Religion ihre Wirkung und „die Wunder haben keinen Platz mehr". Der Ausgleich folgt unvermeidlich der Geburt und die Dekadenz dem Ausgleich. Vielfältige Zeichen lassen auch das nächste Ende, das der christlichen Religion erahnen. Sie hat vergebens versucht, den Lauf der Zeit zu begradigen, der sich ewiglich wiederholt. Die Wiedergeburt des Heidentums zeigt sich hier als die anmaßende Wiederkehr des klassischen Schicksals im Bereich einer ‚heroisch' deterministischen Interpretation des Aristotelischen Textes. Aber diese Wiederkunft verflicht sich bei Nietzsche mit jener hermetisch-neoplatonischen. Die Ankündigung des nächsten Endes wird auch in dieser letzten Tradition unaufhörlich wiederholt. Das Rad der ewigen Wiederkehr läßt selbst die vornehmsten Religionen (den Wehgesang des Hermes über den Ruinen Ägyptens) ein Ende finden. Die Notwendigkeit aber, die zum Ende führt, hat hier ein anderes Gesicht. Und der Unterschied besteht nicht sosehr in der radikalen Aufgabe irgendeiner transzendentalen Dimension bei Pomponazzi, in einer Affirmation der unerschütterlichen *Ordnung der Dinge (ordo rerum)* als einzigem Horizont der Wahrheit, weil nämlich in jenem Renaissance-Neoplatonismus eine monistische Spannung dominiert. Der Unterschied steht dieser notwendigen Ordnung *ins Gesicht* geschrieben. Das Sonnen-Wesen, die Gottheit des Sichtbaren, erhält bei Pomponazzi und bei Macchiavelli die schreckliche Maske dessen, was zum Tode geboren ist, dessen, was seit Anbeginn stinkend und faul ist. Unter dem Himmel des Mondes ist alles gezeugt und daher dazu bestimmt, sich aufzulösen. Alles neigt zur Kälte des Todes. Als Kälte gilt nunmehr unser Glaube, der keine neuen Wunder mehr hervorbringt. Selbst die Vorstellung der ewigen Wiederkunft einer zyklisch-kosmischen Zeit erlöst nicht von dieser Vision. Was sich ewiglich wiederholt, ist dieser traurige Ludus deorum, dieses *Spiel der Götter*, dieses grausame Spiel der Notwendigkeit, die dieselben Dinge entstehen und vergehen läßt, somit der Geburt und dem Untergang weiht. Hingegen überträgt gerade im neoplatonischen Hermetismus das ewige Sich-Wiederholen solaren Wert auf das Wesen, göttliche Bedeutung auf jeden Hauch des Lebens. Ein kosmisches Zum-Tode-Sein tritt an die Stelle der Vision eines Sterbens, das immer nur Sonnenuntergang bedeutet. Für beide ist es unmöglich, von Kontingenz im eigentlichen Sinne zu sprechen, wie es auch für Spinoza nicht möglich sein wird. Denn die Notwendigkeit hat sich in jedes Ding und in jeden Zusammenhang der Dinge eingeprägt. Und die Zeit der Notwendigkeit ist jene der ewigen Wiederkunft[18]. Aber bei Pomponazzi bedeutet die Notwendigkeit, daß das Wesen Nichts ist. Bei Gemisto und selbst bei Pico und auch noch bei Bruno bedeutet sie, daß das Wesen Eigen-Leben hat und daß es unvergängliches Element der ‚goldenen Kette' ist.

Stärker als bei Goethe kommen bei Nietzsche beide Traditionen zusammen. Der Amor fati, der Gesang des Ja und Amen gehören, im Pathos ihrer völligen Anpassung an die Form des Wesens, der Einheit von Logos und Physis nach Spinoza an. Aber dieser Gesang sieht im Wesen nicht das einfach Vorhandenseiende. Er begreift es als göttliche Epiphanie. Was, im Unterschied zu Spinoza, den *plotinischen Exzeß* bei Goethe, sein „sonnenhaftes Auge" ausmacht, das ist auch bei Nietzsche wiederzufinden. Die prometheische Linie, die auf der Grundlage einer verzweifelten Vision von universeller Vergänglichkeit der Dinge die absolute Verfügbarkeit für das Dominium des technischen Wissens bekräftigt, stößt mit jener hermetischen Tradition zusammen, bei der die ewige Wiederkunft vor der Kontingenz bewahrt, indem sie in sich den manifesten Wert des Wesens, seine Kraft, sein Heil enthüllt. Dieses Übereinkommen geht ohne künstliche, ‚superiore' Synthese, ohne tröstlichen Kompromiß vor sich.

Der Tod des christlichen Gottes ist nichts als der erste Schritt in Richtung dieses zweifachen Weges. Er öffnet sich dem Problem der Notwendigkeit in Form der ewigen Wiederkunft. Er befreit von der Vorstellung von Zeit, die a priori solche Form unmöglich macht. Sie scheint sich aber nun zu spalten. Der sie besingende Amor fati hallt widersprüchlich nach. Ist diese Liebe nicht wiederum tröstliche Affirmation der Voraussetzung? Endet der Tod Gottes, der wegen der ihm innewohnenden Dekadenz zur Ohnmacht verdammt ist, solchermaßen nicht in der Ankündigung einer neuen, unveränderbaren Ordnung, die in eine neue Knechtschaft führt? Und kehrt damit nicht das Absolute, das Fundament wieder? Um solche Schlußfolgerungen zu vermeiden, wird es nicht notwendig sein, die ewige Wiederkunft in der unerschütterlich deterministischen Tonalität von Pomponazzi zu besingen oder in jener des absoluten Monismus von Spinoza. Es wird notwendig sein, das „sonnenhafte" Auge dem Ereignis zuzuwenden. Aber nicht einmal das kann reichen. Wie kann dieses Auge in der Tat über solches Ereignis entscheiden? Wie kann *in der ewigen Wiederkunft* des Amor fati *Entscheidung* stattfinden? Wir haben die Gründe der Kritik Nietzsches am unsichtbaren Fundament bei der Anstrengung um eine *Theorie* des Wesens ausgemacht – und nicht als unbestimmte existentielle Vitalismen. Die ‚Fixsterne' dieser Theorie wurden ebenfalls angegeben. Die Gründe für den Tod Gottes bleiben in der Konzeption des Werdens, die notwendigerweise von *diesem* Gott stammt. Die ewige Wiederkunft ist die Verkündung einer neuen Vision der Zeit und des Wesens, die diesem Tod folgte und in der die wahre, größte Tat besteht. Aber noch einmal: Wie kann der Amor fati es vermeiden, sein Verlangen nach Ewigkeit auf das Absolute zurückzuführen? Wie kann das Wesen, göttlich in seiner Wiederkunft, die Möglichkeit der Entscheiung nicht außer Kraft setzen? Wird der Geschichte des Deus otiosus noch die Figur des Amor fati zukommen? Wird ihr noch die Figur dessen, der nicht nur den Tod Gottes und des ihm untrennbar verbündeten Menschen verursacht hat, sondern der fähig ist, *dionysisch zu stehen* angesichts des Wesens, zuerkannt werden?

Bei Nietzsche findet die Heiden-Renaissance auch im Amor fati Widerhall. Der Prometheus in Ketten erkennt bei Pomponazzi an, daß es die höchste Freiheit für den Menschen ist, sich der Notwendigkeit zu unterwerfen.[19] Diese Notwendigkeit bindet, wie wir gesehen haben, dieselben Götter und ihre hinfälligen Religionen. Aber auch der Demiurg des Universums hat nur einmal *befohlen*, am Ursprung, und in der Folge soll er der unveränderlichen Ordnung der Dinge ständig gehorchen. Der Weise ‚liebt' solche Notwendigkeit und läßt sich von ihr leiten; der Tor wird von ihr mitgerissen. Die stoische Weisheit, gründlich in der Notwendigkeit verwurzelt, die sich nicht überzeugen läßt, beseelt den Aristotelismus der Renaissance bis zur Acquiescientia und zur Connexio Spinozas, bricht aber im Amor fati bei Nietzsche wieder durch. Bei Nietzsche entwickelt sich der *Anti-Christianismus* solchen Denkens bis zu seinen radikalsten Ansprüchen. Was in der philosophischen Tradition Europas verwirrenderweise mit christlicher Theologie vermengt worden ist, nimmt hier seine diabolische Maske an. Der *durus sermo*, der strenge, unbeugsame aristotelische Logos, setzt sich von der Theologie ab, die ihn mit Beschlag belegt hat, oder besser: untergräbt von innen her ihre innerste Struktur. Der *deus aristotelicus* ist notwendig müßig. Müßigkeit ist das Prinzip seiner Dekadenz. Der christliche Gott, verstrickt in die Maschen aristotelischer Notwendigkeit, ist zum Tode verurteilt. Der Weise, der die Notwendigkeit und den Zyklus ewiger Wiederkunft preist, kann an kein Wesen glauben, das befiehlt und entscheidet. Er kann sich keine Zeit entsprechend der christlichen *via recta* vorstellen. Und wenn der Christ, um es ‚logisch' bezeichnen zu können, diesem Wesen die Merkmale der Notwendigkeit beimißt, verdammt er es damit selbst zur Dekadenz und zum Tod.

Auch wenn die Funktion dieser Renaissance im Denken Nietzsches eine grundlegende Rolle spielt, ist das Problem des

Amor fati darin nicht lösbar. Weder klingt der Amor fati als die heroische, extreme Parole, die uns an die immanente Notwendigkeit kettet, noch betrifft die Sehnsucht nach Ewigkeit des *Zarathustra* bloß die entzauberte Anerkennung der unverrückbaren Ordnung der Dinge und der Zeit. Gerade die Worte Agathons – „Für Gott ist eine einzige Sache unmöglich: das, was gewesen ist, nicht gewesen zu machen" – bezeichnen das Hemmnis, das die Sehnsucht bei Nietzsche ausschalten will. Das Problem des Amor fati zwingt uns, schichtweise, mit archäologischer Sorgfalt vorzugehen. Der obersten Schicht, die zuerst angedeutet wurde, der Überwindung der Gräber jener, die die Welt verleumden, der Rückkehr zur Erde, folgt die Vorstellung von dieser Erde; dieser Idee die Sehnsucht nach Ewigkeit, das Problem der ewigen Wiederkunft und – schließlich – die tragisch-dionysische Konzeption der Existenz. Die Auseinandersetzung mit ähnlichen Gedanken kann nicht unterbrochen werden, weder dort, wo der christliche Gott zu Tode gebracht wird, noch durch eine einfache Lobpreisung der Welt als „ein Götter-Tisch, zitternd von schöpferischen neuen Werten und Götter-Würfen".

Im Gesang des Ja und Amen scheinen die Liebe zur Erde und die Sehnsucht nach Ewigkeit im Kreise zu tanzen. Der ersten Stimme, die die bloße Erfahrung des Himmels besingt, den Götter-Tisch, auf dem „alle Dinge und Mischungen gut sich mischen", die Freude der Seefahrer, die Virtus der Tänzer, dieser Stimme antwortet das Amen der zweiten Stimme, der hochzeitliche Ring, der Ring der Wiederkunft. Die Liebe zur Ewigkeit beendet den Gesang des Ja zur Erde. Nietzsches Vorstellung von dieser Erde hat trotzdem nicht die Wesenszüge einer unverrückbaren Ordnung. Ihre Notwendigkeit wird immer wieder von „neuen schöpferischen Worten" bezeugt, von neuem schöpferischem Hauche, der „noch die Zufälle zwingt, Sternen-Reigen zu tanzen". Die himmlische Notwendigkeit des Kosmos ist zufälliges Ergebnis eines göttlichen Würfelspiels. In Wahrheit ist die Welt die Gesamtheit der Zufälle, die Gesamtheit dessen, was der Fall ist. Diese göttlichen

Würfe wiederholen sich jedoch unaufhörlich und *erneuern* ewiglich die Welt. Die Notwendigkeit nimmt das Antlitz dieses Sichwiederholens der Zufälle an. Die Sehnsucht nach dieser Notwendigkeit preist das offene, freie Auge, das das Gold des Lebens anzieht. Aus diesem Gold ist der hochzeitliche Ring der Wiederkunft gefertigt. Nietzsches Idee von der Welt löst sich daher nicht in der immanenten Erfüllung des Zufalls auf. Das Ja zum Tanz der Zufälle ist an deren göttliches Gepräge gerichtet. Sie haben teil am Ring der Wiederkunft, am ewigen Sichwiederholen des Spiels, das daraus die „gute Mischung" erneuert. Die Kombinationen, die das Würfelspiel offen läßt, die dieser *ludus deorum* produziert, wiederholen sich notwendig. Aber genau das bedeutet, daß der Zufall nicht nur bloße, bis zum Tode bestimmte Erscheinung ist, stinkend und faul, wie die sterblichen Dinge des Pomponazzi, sondern ewige Erneuerung der „schöpferischen Worte", ewige Wiederkunft einer ‚parola viva'[20], Tat des heraklithischen *país* (Knaben) ist. Der Welt-Vorstellung, die hierin ihren Ausdruck findet, liegt jede Form eines Astral-Determinismus fern. Die Notwendigkeit hat hier auch nicht das Gesicht des *fundamentum inconcussum*. Notwendigkeit ist nur als das ewige Sichwiederholen des Würfelspiels, das die göttlichen Kombinationen der Welt kreiert, zu verstehen. Der Amor fati bezieht sich auch auf das „Würzen" des „Bösesten". Daher ist es kein Zufall, aber umso schlimmer, daß er an der wunderbaren Natur nicht teilhat. Die antideterministische, antisubstantielle Seite der Konzeption des Lebens bei Nietzsche kann nicht von jener gesondert werden, die sich im „denn ich liebe Dich, Ewigkeit" bestätigt. In diesem Gesang ist das Gold enthalten, das im nächtlichen Auge des Lebens schimmert. Die Dinge sind nicht nur flüchtig, nicht bloß sterbliche Erscheinung, sondern solares Untergehen-Wiederaufgehen, ein unzerstörbarer Zyklus, ewige Wiederkunft. Das Ding ist nicht sterbliche Erscheinung, sondern *nur Erscheinung*, auf Nichts rückführbar, *autonom* in seinem Zyklus, *glücklicher Zufall*.

Dennoch könnte das nicht ausreichen, den Prometheus von Pomponazzi und Machiavelli zu befreien. Die Einteilungsordnung des *Zarathustra* mißdeutet vielleicht die Ordnung der Stufen der *epistrophé* Nietzsches zum „*dionysisch zu stehen*". Das Denken des ewigen Kreislaufes, des ewigen Schaffen-Zerstörens erreicht nicht die Befreiung des Zufalls, die Lösung der Rätsel, von denen wir ausgegangen sind. Der Zufall ist im ewigen Kreis der Wiederkunft sicher ‚göttlich', aufgeklärt-gerettet in seiner Ewigkeit-Notwendigkeit. Dennoch übt auch dieser Kreis Zwang aus und schränkt wie das alte Fundament die Freiheit ein. Die ewige Wiederkunft des Zarathustra gehört nicht der wohlgerundeten Wahrheit der im Kreis laufenden Zeit an, von der der Zwerg und der Geist der Schwere sprechen. Es gibt einen *Kreislauf* der Zeit, der von Affen und Zwergen verkündet wird, aber *nicht* von Zarathustra: „O Zarathustra (...) Dich selbst warfst Du so hoch, – aber jeder geworfene Stein muß fallen!" *Diesem* ewigen Kreislauf zufolge gibt es noch eine Zeit-Dauer, die jeden Augenblick seines Kreisens in eine unbarmherzige Vergangenheit und in eine astral-bestimmte Zukunft einteilt. Der Geist der Schwere verkündet eine bindende, deterministische Konzeption der ewigen Wiederkunft. Die ewige Wiederkunft nach Nietzsche löst sich davon radikal. Gerade von der Zeit als Dauer ist es nötig sich zu befreien. Sei diese Zeit als Dauer nun zirkulär oder linear verfaßt, gerade jenseits von Zeit als leerer Formel des Werdens sehnt sich der Gesang des Ja und Amen. Das einfache „alles geht, alles kommt zurück, ewig rollt das Rad des Seins. Alles stirbt, alles blüht wieder auf, ewig läuft das Jahr des Seins: Alles bricht, alles wird neu gefügt", diese Erkenntnis ist *nicht* der „abgründliche Gedanke" von Nietzsche. Dieses Denken entgründet nicht, es rekonstruiert einen neuen Grund. Und es wird nicht von Zarathustra, sondern von seinen Tieren verkündet. Es ruft den großen Ekel hervor; die Abscheu vor der Wiederkunft, vor den Knoten der Ursachen, in die wir verstrickt sind. An *diese* ewige Wiederkunft als sein Schicksal wollen die Tiere Zarathustra ketten. Aber Zarathu-

stra hatte sich gegen diese Identifikation schon aufgelehnt. Das Rätsel *seiner* Theorie der ewigen Wiederkunft hatte sich schon offenbart. Den Kopf der Schlange der ewigen Wiederkunft als zyklischer Dauer, als zyklischer Fluß des Werdens, als Ekel vor dem „kleinen Menschen", der die Züge des dekadenten Gottes in sich trägt, den Kopf dieser Schlange hatte Zarathustra schon weit von sich gespien.
In *jedem* Fluß der Zeit ist der Wille noch wie befangen. „Es war: Also heißt des Willens Zähneknirschen und einsamste Trübsal". Die scheinbare Unrettbarkeit der Vergangenheit, „der Zeit Begierde", „so heißt der Stein, den er (der Wille; d.Verf.) nicht wälzen kann". Mit der Konzeption der Zeit als Fluß und Dauer bringt Nietzsche auf diesen Seiten wieder die gesamte nihilistische Struktur der europäischen Metaphysik in einen Zusammenhang. Die Unerbittlichkeit des „es war" drückt „jenes Gesetz der Zeit aus, daß sie ihre Kinder fressen muß", dessentwegen die Idee von Gerechtigkeit so klingt: „Alles vergeht, darum ist alles wert zu vergehen!" Der nihilistische Logos aber ist hier vom *Wahnsinn* prädiziert. Der Nihilismus ist Wahnsinn und Geist der Rache. Die Dimension des Willens bei Nietzsche scheint daher weit davon entfernt, sich in der Zeit und im Angriff auf das Wesen, das in der Zeit lebt, zu erschöpfen. Die authentische Tendenz des Willens befreit und erlöst, möchte vom Spektakel des Vergangenen befreien, vom Stein des „es war". Der Wille neigt zur Überwindung des vernichtenden Charakters des Werdens, dessen Gefräßigkeit wegen alle Dinge und jeder Zufall zum „es war" werden, Fragmente, Rätsel, grauenhafte Zufälligkeiten. Das „es war" ist von den Todessüchtigen, von den Verleugnern des Körpers prädiziert. Sie versenken die Welt zwischen den Buchdeckeln der Heiligen Schrift, wird Rozanov sagen. „Weg führte ich Euch von diesen Fabelliedern", hat Zarathustra gesagt, „als ich Euch lehrte: Der Wille ist ein schaffender". Und der Wille schafft, indem er dieses „es war" in ein „Aber so wollte ich es" verwandelt.

Die Vergangenheits-Hörigkeit legt denselben Gott während der Zeit der Metaphysik in Ketten. Sein Befehl, reduziert auf die Möglichkeit des *illud tempus* (des Es-war-einmal), kann nicht über die vergangenen Dinge verfügen. Nietzsches Tat ist daher gegen den Ekel gerichtet, den der Mensch *und* Gott als bloße ‚Bewohner der Zeit' hervorrufen. Das Denken der ewigen Wiederkunft ist nur die Stütze des Willens, der schafft, des Willens, des Zurück-Wollens. Die Konzeption der Zeit als wohlgerundeter Kreis stützt die Vorstellung einer ewigen Erneuerung des Würfelspiels, des *Abenteuers* des Willens, der nach dem ‚Vergangenen' sowie nach unentdeckten Ländern strebt. Darin kommt bei Nietzsche das griechische Moment[21] zum Ausdruck. Für einen Griechen ist das Vergangene niemals das ganz Untergegangene, von dem man sich grausam getrennt fühlt.[22] Der Wille kann das Vergehen immer wieder wiederwollen und wiederspielen. Und weil das Vergangene lebt, ist es nicht das endgültig Hingeschiedene, das bloß Zustand-Gewesene, das Gestorbene. Die Kritik der ewigen Wiederkunft als neues, unbarmherziges Fundament und zugleich als Verwerfung jeglichen nihilistischen Determinismus, das alles erlöst den Willen vom Vergangenen, das alles macht aus dem Vergehen ein Spiel des Willens, etwas, was der Wille jederzeit wieder-erschaffen kann. „Vorbei! Ein dummes Wort..."

Aber bedeutet das, daß sich der Wille mit der Zeit ‚versöhnt' hat? Oder zeigt dies eine Dimension an, die über jede Versöhnung erhaben ist? Das Kapitel *Von der Erlösung* bricht vor dieser Frage ab. „Mit erschrecktem Auge blickte er (Zarathustra; d. Verf.) auf seine Jünger". Ist dieses vom Fluß des Werdens erlöste Denken der ewigen Wiederkunft tatsächlich bar jeglichen Fundaments? Ist es tatsächlich grund-los, abgründlich? In einem Fragment aus dem Jahr 1888 ist dies in Nietzsches eigenen Worten so ausgedrückt: „Wenn die Welt als bestimmte Größe von Kraft und als bestimmte Zahl von Kraftcentren gedacht werden darf (...), so folgt daraus, daß sie eine berechenbare Zahl von Combinationen, im großen Würfelspiel ihres Daseins, durchzumachen hat. In einer unendlichen Zeit würde jede mögliche Kombination irgendwann einmal erreicht sein, mehr noch, sie würde unendlich viele Male erreicht sein". Die Welt ist ein „Kreislauf, der sich unendlich oft bereits wiederholt hat und der sein Spiel in infinitum spielt". Diese Welt-Vorstellung ist nicht mechanistisch, fügt Nietzsche hinzu: „So würde sie nicht eine unendliche Wiederkehr identischer Fälle bedingen, sondern einen Finalzustand". Ist die einzige, dem Willen zugestandene ‚Versöhnung' jene mit dieser Welt? Muß der Wille *sie lieben* und *sie wollen*? Bedeutet Amor fati, das „Aber so wollte ich es" zu wollen? Aber hat man nicht gesagt, daß der Wille ‚parola viva', Schöpfungswort ist? Und müßte die ‚Versöhnung', wonach er strebt, nicht über der einfachen, stoischen Anerkennung der Notwendigkeit, über demselben „großen Würfelspiel" stehen?

Zarathustra bringt all seinen Mut auf, muß *übermütig* werden, um sein eigenes *abgründliches Denken* formulieren zu können. Der Blick, den er „mit erschreckten Augen auf seine Schüler wirft", ist, nachdem er einmal den Schöpfungswillen jenseits des Ekels vor dem ewigen Kreislauf der Zeit bekräftigt hat, auf dieses abgründliche Denken fixiert. Um dessen Dimension zu erforschen, muß man *übermütig* werden. Nachdem man sich mit diesem Mut bewaffnet hat, der „der beste Totschläger" ist, ist es möglich, den Zwerg zu bekämpfen, seiner Litanei die Parabel des abgründlichen Gedankens gegenüberzustellen. Dieser Gedanke ist in der Tat nicht systematisch sagbar, sondern nur zeigbar. Er verwächst mit einer tiefgründigen Dimension der Erfahrung. Aus der Wissenschaft der ewigen Wiederkunft, die im zitierten Fragment auf den Seiten von *Gesicht und Räthsel* aufscheint, entsteht den Bildern des Höheren ‚Versöhnung' des Willens, die sich nicht mit der Zeit ereignet, die sich nicht in der offenkundigen Bedeutung des Amor fati als Anerkennung des ewigen Kreislaufes erschöpft, sondern sich darin ausdrückt, jeden Augenblick das Wort zu ergreifen, die Schöpfungserfahrung zu wollen, die jeglichem Fundament den Grund entzieht. Für dieses Wollen ist *mehr als Mut* nötig. Man muß sich dem Gehorsam gegenüber den Gesichtern der Notwendigkeit entziehen. Man muß jenen göttlichen Befehl ewiglich wiederholen können, den der stoische Weise einzig in die Dimension des *illud tempus* verbannt. Dieser Perspektive folgend hätte Nietzsche sein Bild von Plato gründlich diskutieren müssen. Übermütig ist das platonische „*alles wagen müssen*". Es gibt eine unauslöschliche Hybris in jener Meditatio mortis, die bei Sokrates die Philosophie begründet, in ihrer Erfahrung, die jene alltägliche Anschauung blendet, und die *aus eigenem Willen* das erfaßt, was wirklich wahr ist, das *autò tò On*. Sogar das Bild des Seefahrers (des Kybernetes) gehört zu Plato. Die christliche Theologie auf aristotelisch-stoischer Grundlage ist, wohlgemerkt, der Widersacher Nietzsches, wohl mehr als das platonische „alles wagen müssen" und der Eros, der es als solches dominiert. Und schließlich zeigen die gebräuchlichen Interpretations-Schemata ihre schwachen Stellen angesichts der Komplexität dieser Bilder. Der Amor fati, der *auch* herrisch zur Erde zurückruft, entwickelt sich von der Anerkennung der ewigen Wiederkunft zum Problem des abgründlichen Denkens, das sich *nicht* auf den ewigen Kreislauf beschränken läßt. Das platonische „alles wagen" verwandelt sich von der Übung für den Tod, von der übermenschlichen Übung des Willens über den Lebens-Willen (und hier gibt es den Übergang – wie bekannt ist – zwischen Plato und Schopenhauer) in das Denken von der Göttlichkeit des Zufalls, in die Kritik der Wahrheit als Schleier der Erscheinung, als Falsifikation ihrer unvernichtbaren Solarität.

Dem Zwerg, der die widerliche Litanei der ewigen Wiederkunft als ewiges Sichwiederholen der stinkenden und verwesenden Dinge, als ewiges Wieder-Sterben, wiederholt, antwortet Zarathustra mit seinem abgründlichen Denken vor einem Torweg. An diesem Tor kommen zwei Wege zusammen, die niemals jemand vollständig durchlaufen hat. Aber wenn die Welt wie in dem Fragment aus dem Jahr 1888 konzipiert ist, müssen dann nicht alle Dinge dieser Welt diesen Weg schon durchlaufen haben, schon einmal passiert, schon einmal vergangen sein? Der Akzent der Emphase findet in dieser Doktrin der Wiederkunft keinen Niederschlag mehr. Im Mittelpunkt des Rätsels steht jetzt das Tor, das man *Augenblick* nennt. Mit ihm verknüpft sich der ewige Kreislauf. Der Augenblick zieht all das Vergangene und all das Zukünftige an sich. Um den Augenblick herum wickeln sich die Windungen der Dauer. Der Augenblick scheint diese Windungen zu übersteigen, als ob er nicht zu ihnen gehörte. Im Augenblick verliert die Dauer ihr Fundament. Vor seinem Tor klärt sich die schreckliche Vision auf, die Zarathustra am Ende seines Befragens über das Zurückwollen kam. Es ist die Vision vom jungen Hirten, aus dessen Mund „eine schwarze, schwere Schlange" hängt. Die Windungen der Zeit als leere Formel für das Werden und daher auch als leere Formel für die ewige Wiederkunft, als Ouroboros, *en to pan*, werden vom Hirten zerbrochen, der den Ekel und das „bleiche Grauen", die in der Lage sind, ihn zu überwältigen, besiegt. Er gehorcht dem Ruf Zarathustras und beißt mit einem Biß den Kopf der Schlange ab. Zarathustra wendet sich an die „Kühnen", die ihn umgeben, die sich der Forschung und dem Versuch geweiht haben, die die Rätsel lieben, und *singt* schließlich von dem Verwandelten, der den Windungen der Schlange entronnen *auf die Füße kommt*, „nicht mehr Hirt, nicht mehr Mensch (...) O, meine Brüder ich hörte ein Lachen, das keines Menschen Lachen war". In dem *Augenblick* vor dem Torweg, als ein *Ruf* dem Mund des Zarathustra entweicht, entscheidet sich der Hirte, die Schlange zu zerbeißen. Die Dauer versinkt im Augenblick. Die Entscheidung, die dort gefällt wird, beißt ihr den Kopf ab, spuckt ihn aus. Nur wer sich dem Abenteuer der Suche weiht, wer „mit listigen Segeln sich in unerforschte Meere einschiffte", kann das Rätsel verstehen. Er kann die Vision erahnen, die den Hirten erlöst, die ihn befreit, die ihn lachen macht, wie der Knabe lacht, der die Würfel wirft und so die göttlichen Kombinationen der Welt immer wieder re-kreiert. Der Biß, mit dem der Hirte die Schlange zerbissen und damit ihre Windungen überwunden hat, gleicht der Tat des Knaben, der in seinem Würfelspiel die Zufälle der Welt immer wieder erneuert. Das abgründliche Denken Zarathustras besteht also in dem des *Augenblicks*. Nicht einfach in dem der Zeit als ewige Wiederkunft, nicht im Amor fati, der dies anerkennt, sondern im übermenschlichen Mut („nicht mehr Hirt, nicht mehr Mensch") dessen, der im Augenblick jede Dauer überwindet, sich im Augenblick über jedes „es war" erheben *will*, der in seinem Augenblick alles Werden an sich zieht und, indem er dies tut, das Werden erneuert. Die ‚Versöhnung' mit der Zeit ereignet sich jenseits jeder Form des Werdens, im Augenblick.

Der Augenblick der Entscheidung kontrastiert metaphysisch mit der Kontinuität des dialektischen Schemas. Der lange Kreislauf vollendet sich: die Aufhebung der Voraussetzung findet nicht idealistisch statt, sondern durch einen Willen, der sich, auf der Grundlage der Anerkennung ewiger Wiederkunft, im Augenblick vom ununterbrochenen Fließen der Dauer ‚erlöst'. Das Kontinuum zerbricht am Ruf Zarathustras, am Biß des Hirten. Es ist ein *gewaltiger* Augenblick. Nicht das Gegenwärtige, das zwischen Vergangenheit und Zukunft Eingebundene, das in Vergangenheit und Zukunft sein Ende findet, sondern der wahre Augenblick[23], der *Lidschlag*, in dem die Intuition Raum findet. Ein Augenblick der Intuition, der dem Vergehen entzogen ist, in dem man das *Problem* (etymologisch bedeutet: pro-blema auf griechisch: pro-ballein: etwas, das sich gegen uns wirft) erfaßt und es – wie Alexander seinen Knoten – nur mit einer *Entscheidung* lösen kann. Die ewige Wiederkunft als ewiges Sichwiederholen ist Okeanos: der Fluß der Zeit als Dauer, nächtliche und alles durchströmende Flüssigkeit. Aber die Sonne trumphiert über Okeanos: *sol invictus*. Ihr Auge zerbricht das undifferenzierte Kontinuum, erneuert immer wieder den Kosmos. Sie ist auch Heh, der ägyptische Gott der unbegrenzten Zeit. Sie ist auch der persische Zurvan akarana, der sich der Zeit des Todes, des

Vergehens und des Unterganges entgegenstellt, Zurvan dareghochvadhata[24]. Ohne aus diesen symbolischen Quellen zu schöpfen, wird man die Bilderwelt Zarathustras nur schwer begreifen.

Die Konzeption der ewigen Wiederkunft stellt sich also nicht einfach als die ‚astrale' Notwendigkeit des Fließens und Ewig-Währens heraus. Sie bestätigt nicht einfach den Trumpf der klassischen Heimarmene, des Fatums von Pomponazzi. Die ewige Wiederkunft ist die ewige Wiederkehr des Augenblickes der Entscheidung, als lebendiges Wort, keiner Buchstaben-Philosophie zugängig. Schon diese erste Schlußfolgerung macht aber deutlich, daß es sich dabei tatsächlich nicht um einen ‚profanen' Dezisionismus handelt. Die Plötzlichkeit des Augenblicks, wenn er das Kontinuum von Okeanos, von Kronos aufsprengt, bestimmt eine *authentische* Gegenwart, die sich in die unendliche Gegenwart, Zurvan akarana, erstreckt. Der Augenblick reduziert sich nicht auf die leere Formel zufälliger Entscheidungen, sondern ist Epiphanie des *göttlichen Auges* auf den Dingen der Welt, Erlösung vom Kontinuum des Vergehens-Sterbens, Affirmation der unvernichtbaren Göttlichkeit jedes Wesens. Das abgründliche Denken ist für Nietzsche daher der Augenblick einer möglichen Überwindung des Nihilismus.

Dieses Denken bei Nietzsche zu systematisieren ist gewiß unmöglich. Aber es ist nicht unmöglich, seinen symbolischen Gehalt zu erfassen, seine Ähnlichkeiten zu ersehen, seine semantischen Felder zu entwickeln. Die Unmöglichkeit, ihn zu ‚systematisieren', rührt von der Diskontinuität her, in die auch er verwickelt ist. So ist die Beziehung zwischen dem dezisionistischen Sinn des Willens zur Macht, wie ihn Nietzsche in seiner logisch-diskursiven Dimension analysiert, und jenem, der aus *Vom Gesicht und dem Rätsel* hervorgeht, eine diskontinuierliche Beziehung, eine Ähnlichkeit, die *aus dem Unterschied* entsteht. Auch die Beziehung zwischen ewiger Wiederkunft, der Kreis-Konzeption der Zeit, und dem Sicherneuern des Schöpfer-Spiels im Augenblick – zwischen Ewigkeit des Fließens, der Ewigkeit Okeanos', und der Ewigkeit als unbegrenzter Gegenwart des wahren Augenblickes, als *nunc aeternum* – ist so beschaffen. Das Problem stellt sich bei Nietzsche – von diesem Standpunkt aus gesehen – nicht anders dar als bei Augustinus: „Ich habe mich an die Abfolge der Zeit vergeudet (...), mein Denken wird durch die Unruhe der Wechsel zerstückelt". Die Versöhnung wird von Augustinus in der jüdisch-christlichen Vorstellung von Zeit als dem Geschaffenen als Geschaffenes innewohnend und in der Gegenwart der Seele als gemeinsame Form von Erinnerung, Intuition und Erwartung gesucht. Bei Nietzsche ist die Zeit ewige Wiederkunft, wesensgleich der *un*-erschaffenen Physis, ewig. Die ‚Versöhnung' ereignet sich im glücklichen Augenblick, der das Kontinuum aufsprengt. (Der Hirte wird *verwandelt*. Und zwar sooft er Ouroboros, den umfassenden Okeanos, besiegt.)

Wie soll man also das „dionysisch zu stehen" deuten? Es ist unbedingt notwendig, das Dasein anzunehmen, das Schicksal des ewigen Erschaffens und Zerstörens, den hochzeitlichen Ring der Wiederkunft *zu lieben*. Aber der *Wille will* alles in allem solches Rund, solchen Ring nicht als leere Form, nicht als astralen Rhythmus der Dauer begreifen, sondern er will sich im Schöpfer-Spiel erneuern, im lebenden Wort, *im Augenblick* als „Moment der Ewigkeit in der Zeit"[25]. Der Augenblick ist nicht einfach ‚ritualisierbar'. Er stellt sich als entscheidende Erfahrung dar. Er wird also er-griffen. Die Liebe zur Ewigkeit ist nur in dem Augenblick erfaßbar – *carpe aeternitatem in momento* (pflücke die Ewigkeit im Augenblick). Die Zeit ist das Insgesamt der Gelegenheiten, *Häufungen* der Ereignisse[26]. Um die feste Nabe des Rades kosmischer Rhythmik herum wiederholen sich ewig erfahrungsschwangere Augenblicke; in denen das ‚Geschwätz' von der Dauer verstummt oder besser: in denen die Zeit als Dauer unvorhersehbar, unvorhergesehen mit dem Ewigen in Verbindung tritt. Die Kommunikation hat bei Nietzsche trotzdem nichts Ek-statisches. Jedoch liegt es im Augenblick, daß das Leben, das Wesen am Ende als nicht von sich auf Anderes verweisende, nicht als flüchtige Momente im

Gegensatz zum Fundament, zum Subjekt, sondern als *tiefe* Erscheinung, als Wahrheit der abgründlichen Erscheinung aufgefaßt werden. Daher gebührt dem Augenblick der *abgründliche Gedanke*. Wie der Augenblick das zeitliche Kontinuum durchbricht, wie er die Dauer übersteigt, so klingt das abgründliche Denken des Zarathustra kritisch in bezug auf jede neue mögliche Verlagerung des Subjekts, die sich in den Grenzen der Genealogie dieses letzteren erfüllt. Man muß die Geschichte des Subjekts in den Ab-grund führen und darf sie nicht aus verschiedenen Wurzeln, immer in dem Dauer-Werden, entwickeln.

Für Diano gehört der Nietzschesche Augenblick eigentlich mehr der Dimension des Ereignisses an, d. h. der Dimension der *Tyche*.[27] Aber das ist eine Dimension, die dem *abgründlichen Gedanken* des Augenblicks vorausgeht. Die Figur der Tyche gehört zum Sichwiederholen des Erschaffens und Zerstörens, zum Spiel der Kombinationen, *das die Welt ist*. Diese Dimension wird sicher nicht dialektisch-idealistisch überwunden. Der Zyklus der Zufälle, der von Tyche als Göttin des Ereignisses beherrscht wird, kann nicht unterdrückt werden. Die Erlösung von der Zeit erfolgt nicht ek-statisch, indem die Zeit negiert oder aufgehoben wird, sondern indem sie am Ende vom sonnenhaften Auge des Augenblicks, der Erfahrung des Augenblicks, erkannt wird. Das „dionysisch zu stehen" bedeutet nicht, den Zufall als bloße Dimension des Geschehens zu lieben, sondern ihn in der Notwendigkeit der ewigen Wiederkunft zu lieben und solche Notwendigkeit jenem Willen zuzugestehen, der das „es war" nicht erträgt, der den Zufall als tiefe Erscheinung versteht und ihn im Augenblick als das Ewige begreift. Dieser Augenblick ist schließlich unendlich viel mehr als die Momente von Tyche, als ein vom Ring der Notwendigkeit losgelöstes Fragment. Der Augenblick ist der Torweg, wo das Werden in den Aion übergeht. Und der Aion ist schließlich nur durch einen plötzlichen glücklichen Augenaufschlag, d. h. im Augenblick sichtbar.

Der Gott dieses glücklichen Augenblicks ist dem Hermes direkt verwandt, dem Gott der radikalen „Chance". Er ist so auch Kairos. In vielen Abbildungen der Renaissance treibt die Zeit als Notwendigkeit den Menschen von seiner „Chance" weit ab. Sie hindert ihn, seine eigene Zeit zu be-greifen. Der Ring der ewigen Wiederkunft erfüllt in seiner astral-deterministischen Kozeption solche Funktion. Daher ruft er Ekel hervor. Der Wille will sich von dieser Zeit erlösen, den Kairos ergreifen. Sooft dies gelingt, ist es der numinose Moment des Sieges, der Nike. Alle Stellen des *Zarathustra*, die wir besprochen haben, sind in der Tonalität der Nike gehalten. Vom Ruf des Zarathustra: Beiß zu! bis zum Lachen des nun erleuchteten, verwandelten Hirten. Wenn der Kairos er-griffen wird, das Kontinuum Kronos aufgesprengt ist, dann ertönt Nikes Lachen. Im „dionysisch zu stehen" sind all diese Bedingungen erfüllt. Dionysos steht vor dem tragischen Komplex der Existenz, die sich solchermaßen von dem Ekel vor dem ewigen Erschaffen-Zerstören bis zur Möglichkeit, zur ‚Chance' entwirrt, die dem Willen auch jenseits jeglichen logischen Schemas im glücklichen Augenblick gegeben ist, der nur dem Kairos eignet, die Notwendigkeit des Zeit-Kontinuums zu überragen-entgründen.

Die Erfahrung der Nike, daß es Nike gibt, wird vom Gefallen bezeugt. Die Insistenz, mit der Nietzsche auf dieses Thema zurückkommt, das er als „Gesundheit" des Körpers verkleidet, enthüllt in diesem Zusammenhang seine genaue Dimension: die Erfahrung des Gefallens bezeugt die Epiphanie des Augenblicks, sie ist die Geheimschrift des Kairos. Das Gefallen erscheint unermeßlich „im Vergleich zur bemessenen Zeit". Und bereits Aristoteles sah seine Form als perfekt an, wenn sie sich nicht in einem Zeit-Raum entfaltet.[28] Vollständiges Gefallen entspricht einem vollen Sieg (Nike), einer vollendeten Befreiung, Erlösung von der Zeit als Fluß und Dauer. Es entspricht einer hervorragenden Möglichkeit für unseren Willen und unsere Entscheidung, die Zeit zu unterbrechen, ihr den Kopf abzureißen, ihre Spiralen zu sprengen. Es ist die Figur des Aion, die, selbst wenn sie in die Windungen des Zeit-

Kronos verwickelt ist, mit dem Antlitz eines Löwen mit dem Schlüssel oder mit dem Schwert in der Hand daraus hervorgeht. Diese beiden Figuren vereinbaren sich nur im Augenblick. Und im Augenblick lebt Dionysos, aber *als sein Herr*. Er enthält in sich dieses ganze Geschehen und sieht darin das immerwährende Sicherneuern. Das „dionysisch zu stehen", weit von einem einfachen Bedeuten eines entzauberten Blickes auf den Zufall entfernt, birgt auch das Glück des Augenblicks in sich, in dem der Wille sich vom „es war" erlöst. Und das Wesen, das bloßes Reich der Dauer schien, verwandelt sich in Aion. „Dionysisch zu stehen" bedeutet, *abgründlich* auf die Existenz zu blicken, sie in der Dimension des Grund-losen aufzufassen, gleichzeitig aber die ewige Wiederkunft des Daseins in jener des Augenblicks zu überwinden. Jetzt können wir die Bedeutung jenes *Einprägens* ins Werden, den Charakter des Seins, jener ‚Erfüllung' des Werdens, die für Nietzsche den Gipfel des Willens zur Macht darstellt, erörtern. Es dreht sich dabei nicht um den Willen zur Macht, der im diskursiven Erkennen handelt, in seinem „die Regel suchen", in seinem die Regel-Wollen, „weil sie die Welt der Furchtbarkeit entkleidet". *„Die Furcht vor dem Unberechenbaren* als Hinter-Instinkt der Wissenschaft" (Nietzsche). Das Konzept des Willens zur Macht ist bei Nietzsche komplex, breitgefächert und stellt zwischen seinen Komponenten keine lineare Entwicklungen her, wie dies hingegen bei Schopenhauers Konzept des Willens noch der Fall ist. Dem Willen zur Macht, der im wissenschaftlichen Diskurs wirksam ist, stellt sich jener Wille zur Macht entgegen, der den Zeitlauf entscheidet. Der eine ist der Wille, alles vorherzusehen und das Werden zu entwerfen, es auf das bloß Zustand-Gewesene zu beschränken; der andere begreift den Augenblick, genießt das Gefallen-Vergnügen an dem Augenblick. Dieser Wille prägt dem Werden das Siegel des Seins ein, indem er die Ewigkeit im Augenblick (aeternitatem in momento) erfassen und lieben lernt. Dieser Augenblick überwindet die *Tragik* der Existenz. Er hat an ihr teil, ist Teil von ihr. Die wahre Tragödie besteht nicht in der Verinnerlichung des notwendigen Kreislaufes von Erschaffen-Zerstören. Denn sie ist *auch* Ausdruck jener Manie, die das ‚Dis-kurrieren' der Dauer übertreibt. Dionysos ist nicht der Gott fluktuierenden Kommens und Gehens, sondern der Herr der Ewigkeit und der Göttlichkeit *im Augenblick*. In der dionysischen Orgie verwandeln sich die tragische *Furcht*, die *Panik* und der Alptraum wahrhaftig in ein „so wollte ich es". Keine dialektische Aufhebung des Dionysischen, sondern Dionysos' neues Symbol, authentische Rückkehr zum Bild des Dionysos, Genesung durch und in Dionysos, nicht von und außer ihm.[29] Der Panik-Moment wird von Nietzsche in *Vom Gesicht und dem Räthsel* eigens symbolisiert. Er ereignet sich vor dem Torweg. Das ist die herausragende *Krisis*-Zeit. Der Gipfel der Angst – der Hirte, der von der Schlange angefallen wurde, ist schon am Unterliegen – verwandelt sich plötzlich, aber durch den Höhepunkt des Willens, in das Lachen des Nicht-mehr-Menschen, dessen, der *über den Menschen* hinausgewachsen ist (und nur dies ist die Bedeutung des Übermenschen). Im Panik-Moment, *im Augenblick*, entfalten sich das Getöse und die Vergeudung der Zeit *zu voller Blüte*, zum großen Mittag.

Daß dieser Augenblick nicht ritualisierbar ist, daß man auf seinem Fundament keine neue *Religion* begründen kann, keine neue *Bindung* (religio) des Wesens zum Anderen, wurde vielleicht von keinem anderen ‚Nietzsche-Nachfolger' so gut begriffen wie von Bataille. Wie Rozanov (jene russische Kultur) unverzichtbar ist, um Nietzsches Antichrist zu erfassen, so auch Bataille, der die geheimsten Dimensionen der Idee und der symbolischen Form des Augenblickes und der ‚Chance' darlegt, die dem Augenblick notwendig angeschlossen ist.

Nietzsches Wanderer geht nicht in der reinen Dimension des Ereignisses, der Tyche auf. Eine große Blütezeit erwartet ihn, und er sehnt sich danach. Wie läßt sich das Kommen und Gehen des Wanderers, die Notwendigkeit seines Kreislaufes mit dieser Liebe zum Ewigen, mit dem „weil ich dich liebe, Ewigkeit" in Einklang bringen, die gerade er ausspricht? Darin besteht das Rosa-Kreuz der Zeit für Nietzsche wie auch für Bataille. Auch Bataille beginnt bei der Prüfung der tiefgründigen Struktur der ‚Sehnsucht', die im Wollen enthalten ist, daß die Zeit dasselbe wie das Sein sei. „Alles sein wollen – o Gott – bedeutet, die Zeit abschaffen zu wollen".[30] Die Zeit abschaffen wollen heißt, die ‚Chance', das Glücks-Wagnis zunichte machen, die Angst ausschalten, die uns angesichts des Werdens-Vergehens des Wesens erfaßt. Aber das bedeutet *nicht* „dionysisch zu stehen". Das Werden ‚zu prägen' heißt, vor Dionysos bewahren zu wollen, ihn sich nicht wieder einzubilden, um sich *in* ihm zu befreien, in seinem Augenblick. Das Werden aufzuheben stellt den Gipfel des Willens zur Macht *als bloßer Nihilismus* dar. Dies bedeutet, den Zufall abzuschaffen, die Welt als Gesamtheit und Kombination von Zufällen aufzuheben. Dies heißt aber auch, die Chance aufzuheben, das Glücks-Wagnis, die Möglichkeit, den Moment der Panik zu erfassen, der nur im ewigen Sicherneuern des Geschehens vorstellbar ist. Um den Augenblick zu wollen, bedarf es der Zeit als *Geschehen*, als die Chance wollen, die in ihren Zyklus unvorhergesehen einbricht und nicht ritualisierbar ist. Amor fati – diese Formel schließt in sich ewige Wiederkunft, Geschehen, Chance, Augenblick ein.

Die Maske des Wanderers drückt diese Form der Zeit aus, die andauernd solcher Chance offensteht. „Wenn kein großer Mechanismus mehr existiert, in dessen Namen man sprechen kann: Wie soll man die Aktion anlegen, wie nach Taten fragen, was soll man tun? Jegliche Tat basierte bis jetzt auf Transzendenz, an deren Schluß man vom Handeln sprach; und man hörte immer Kettengeklirr, die die Phantasmagorien vom Nichts auf die Bühne schleppten. Ich will nur die Chance – sie ist mein einziger Zweck und mein einziges Mittel" (Bataille). Was als bloßes ‚Dis-kurrieren' der Zeit erschien, ist hier also *gewollt*. Der Wanderer ist daher keine Figur bloßer Entleerung, einfachen Versenkens des transzendentalen Sinnes der Tat. Der Wanderer beschränkt sich nicht darauf, im ziellosen Fluß der Zeit zu existieren, *sondern er will die Chance*. Der

Wanderer ist auf der Suche nach dem Augenblick. Wie das Geschehen, sooft das Fundament versinkt, nicht mehr trügerische Erscheinung ist, die die wahre Ordnung der Dinge, ihr Wesen oder ihr Subjekt verbirgt, sondern ewige Wiederkunft des Spieles der Zufälle, so ordnet sich die Chance nicht als Ereignis unter Ereignisse in der Zeit, als bloße Tyche, sondern als Abbruch-Übertretung der Kette der Dauer, als numinoser Mittag.

Die Chance löst die Täuschung des Transzendenten auf, aber nicht im Sinne einer Anbiederung an das bloße Geschehen, an die radikale Grundlosigkeit des Ereignisses. Die Chance möchte Ereignis und Augenblick vereinen, das Ereignis zu einem glücklichen Augenblick werden lassen. Die Chance determiniert für Bataille den „Grad der Immanenz" in dem Maß, in dem sie sich „auf die unendliche Tiefe des Spieles" einläßt. Im Spiel werden wir Gottes Mitspieler und werfen mit ihm die Würfel, die die „schönen Kombinationen" schaffen. „Das Spiel ist von Fall zu Fall die Suche nach unendlich Möglichem". Keine Enthaltung von Möglichem, kein Begriff, der von der Angst vor dem Werden befreit, der fähig ist, das Werden zu siegeln, sondern das Gehen des Wanderers als ewige Wiederkunft des Immanenz-Zustandes, als ewige Möglichkeit, daß sich dieser Zustand erneuert. Bataille nennt den Zustand der Immanenz auch „theopathisch" („wegen der Einfachheit dieses neuen Zustandes dachte ich sofort, daß ihn Zen, Proust und – zuletzt – die heilige Theresia und der heilige Giovanni della Croce gekannt hatten"). „Theopathisch" nennt er diesen Zustand in dem Sinn, daß hier Immanenz nicht einfach als Gegensatz zur Transzendenz gedacht wird, sondern als göttliches *abgründliches* Spiel (das nicht nur durch das Opfer Gottes hergestellt wird, sonder auch und vor allem durch das konsequente Überschreiten des Menschen und der Menschen-Zeit).[31]

Im theopathischen Zustand des Wanderers kreuzt sich das Ja und Amen zum Leben, zur Figur des Mystischen als Unsagbarkeit jeglichen Fundaments. Wittgenstein scheint einen analogen Zustand anzudeuten, wenn er bestätigt: „Nicht *wie* die Welt ist, ist das Mystische, sondern *daß* sie ist". Diese Gegenwart, ihre unerbittliche Notwendigkeit, daß es so sei, konstituiert das Unaussprechliche, das sich nur *zeigen* kann und das das Mystische ist. Aber *daß* die Welt ist, bedeutet, Batailles Vorstellung zufolge, daß auch der Augenblick *ist*, daß es den Panik-Moment gibt. Und die unendliche Gegenwart des Augenblicks erstreckt sich bei Bataille in die Vorstellung des Fest-tages. Das Lachen Zarathustras spielt auf dieses ‚Multiversum' symbolisch an. Der Fest-tag möchte den Augenblick bewahren, die numinose Epiphanie der Nike in die Länge ziehen. Sein Ort ist daher *utopisch*, weil das Werden nicht im Augenblick *auflösbar* ist, sondern nur zerbrechlich und ‚überschreitbar'. Die Szene des Festtages ist Utopie (der Ort Nicht-Ort) des Augenblicks, der *andauert*. „Moralvorstellungen, Religionen des Kompromisses, Hypertrophien der Intelligenz entstehen aus der Niedergeschlagenheit des Tages nach dem Fest." Die Figur des Wanderers umfaßt die Komplexität dieser Momente. Er geht in der Zeit, aber er ergreift dabei die Gelegenheit, *für den Mittag des Augenblickes wach zu sein*. Er will den Augenblick wie einen Fest-tag ergreifen und strebt unaufhaltsam zu diesem *Fest*. Diese letzte Dimension macht es ihm unmöglich, in der Zeit als Dauer zu Hause zu sein oder den Augenblick als definitive Unterbrechung der Zeit aufzufassen (als ob die Vision des Augenblickes beinahe gnostisch interpretiert werden könnte, als *Initiation* in ein transzendierendes Wissen, in ein Wissen um die Transzendenz). Gerade weil die Erfahrung des Augenblickes die Sehnsucht nach dem Fest-tag belebt, bleibt die Figur des Wanderers unvollendet.

Nach einem anderen Symbol setzt Rosenzweig den Wanderer mit der ewigen Wiederkunft gleich. Die hebräische Mystik ist durch dieses Problem gekennzeichnet, das auch bei Benjamin außerordentliche Bedeutung gewinnt.[32] Der Jude – sagt Rosenzweig – glaubt nicht an das Ewige als an ein Etwas, sondern glaubt an sich als ein Ewiges. Sein Gott ist einzig und allein der Gott-in-ihm. Der Christ *wird,* er ist in der Zeit in ihrer

Eigenschaft als Dauer, in der Zeit, die Anfang und Ende kennt. Er ist nicht Christ von Geburt, sondern er *tritt* in das Christentum ein. Der Jude, *dieser* Jude, ist in seiner Gegenwart, in *diesem* Moment ewig. Seine eigene Sprache ist ewig. Sie ist die Sprache, die Gott gesprochen hat, die Sprache rituellen Sichwiederholens, der Versöhnung des Gegenwärtigen mit dem Ewigen. Zweifellos, der Jude ist Wanderer, er hat weder Wurzel noch Heim, aber in seinem Umherstreifen, in seiner Gegenwart ist er deswegen ewig, er hat Gott an seiner Seite. Er heißt Emanuel. Rosenzweig schließt daher: „Wurzellos auf dieser Erde, ewige Wanderer darum, doch tief verwurzelt in uns selbst, in unserem eigenen Leib und Blut. Und diese Verwurzelung in uns selbst und allein in uns selbst verbürgt uns unsere Ewigkeit."[33]

Natürlich klafft ein Abgrund zwischen dieser Erfahrung des Symbols des Wanderers und der ewigen Wiederkunft und jener von Bataille (und von Nietzsche). Hier ist das Ewige mit der Kreatur und ihrer Geschichtlichkeit wesensgleich. Im anderen wurde das Ewige nur als glücklicher Zu-Fall begriffen. Hier hat das Ewige seine *Wurzel* im Menschen. Das vollkommene Fehlen der Wurzel charakterisiert jedoch die ‚Chance' von Bataille, die panische Erfahrung des Augenblicks. Dieser Abgrund hat aber zwei Ufer, die diese beiden Symbole darstellen. Einerseits ist es der abgründliche Augenblick, der sich ins Ewige erstreckt, andererseits ist es die Wurzel der Existenz des Juden und seiner Sprache. Auf der einen Seite existiert (lat. exsistere = ins Leben treten) der Augenblick in der Welt als Gesamtheit der Zufälle und der ewigen Wiederkunft des Spiels vom Erschaffen-Zerstören. Auf der anderen ist kein Zufall gegeben: das Gehen des Wanderers ist mit jedem Schritt in der Ewigkeit[34] seines Seins verwurzelt. Dennoch verweisen die zwei Symbole auf dasselbe Problem, das man im Gefolge Löwiths so resümieren könnte: Was immer ist und schon immer ist, ist nicht aus diesem Grund ohne Zeit, außer der Zeit, jenseits des Werdens. Nicht alles, was in der Zeit geschieht oder was wir ‚träumen', daß es in der Zeit geschieht, gehört der Zeit an, löst sich vollkommen in der Dauer auf. Was fortwährend wiederkehrt – ob es sich dabei um die Zufälle der Welt in der Notwendigkeit der ewigen Wiederkunft handelt oder um die Möglichkeit des ihr immanenten glücklichen Augenblicks oder um die Sprache des Wanderers in seiner Eigenschaft als ewig Wandernder –, was also fortwährend wiederkehrt (das Musilsche Sichwiederholen des Geschehens), *das ist in der Zeit, ohne zeitlich zu sein.* „Dionysisch zu stehen" bedeutet, sich dieser symbolischen Polarität zu stellen, an ihr teilzuhaben. An keinem der beiden Ufer ist der wahre abgründliche Gedanke möglich. Denn der Abgrund ist dazwischen, in der Mitte. Dionysos *und* Wanderer: tragische Theorie von den Zufällen der Welt, die gleichzeitig dem Panik-Moment und der Ewigkeit des Wanderers ‚offen' stehen. Duplizität des Wanderers: Sehnsucht nach dem Fest-tag *und* nach der Verwurzelung in sich selbst, in seinem eigenen Gehen. Der Augenblick: das ‚Glück' im In-quietum, das Existieren im Unruhigen, als ob es Heim sein könnte.

Anmerkungen

[1] F. Rosenzweig, *Der Stern der Erlösung*, Frankfurt a. M. 1921, Erster Teil.
[2] E. Severino, *Gli abitatori del tempo*, Rom 1978, S. 146.
[3] J. Derrida, *Eperons, Les styles de Nietzsche*, Venedig 1976, S. 42 u. 92.
[4] M. Cacciari, *Dallo Steinhof, Prospettive viennesi del primo Novecento*, Mailand 1980.
[5] Zum Problem der Genealogie des Fundaments von Aristoteles bis Cartesius vgl. S. Natoli, *Soggetto e Fondamento*, Padua 1979.
[6] Über den Begriff der Freiheit im Idealismus, besonders bei Schelling, vgl. M. Heidegger, *Schellings Abhandlung über das Wesen der menschlichen Freiheit*, Tübingen 1971.
[7] M. Eliade, *Il mito dell'eterno ritorno*, ital. Ü., Mailand 1975, S. 164; dt. Ü.: *Kosmos und Geschichte, Der Mythos der ewigen Wiederkehr*, 1984.
[8] Vgl. G. v. Raad, *Die Theologie des Alten Testaments*, ital. Ü., Brescia 1972, Bd. I, S. 165 f, Bd. II, S. 124 ff.
[9] V. Rozanov, *L'apocalisse del nostro tempo*, 1918, ital. Ü., Mailand 1979, S. 103.
[10] V. Rozanov, *Gesù dolcissimo e gli amari frutti del mondo*, ital. Ü., Brescia 1978, S. 134 ff.
[11] N. A. Berdjaev, *Cristo e il mondo: risposta a V. V. Rozanov*, ital. Ü., Brescia 1978, S. 145 ff.

[12] Zitiert nach E. Garin, *Lo zodiaco della vita*, Bari 1976, S. 73.
[13] Zum Bild der goldenen Kette vgl. M. Eliade, *Mefistofele e l'Androgino*, Rom 1971, S. 167 ff.
[14] V. Rozanov, *L'apocalisse*, S. 59.
[15] V. Rozanov, *Prima Cesta*, in *Foglie cadute*, ital. Ü., 1976, S. 172.
[16] Zu diesen Aspekten und zu jenen des Deus otiosus vgl. M. Eliade, *Aspects du mythe*, Paris 1963, S. 118 ff. Und zur Vorstellung der Renovatio-Renaissance zwischen dem 15. und 16. Jahrhundert vgl. E. Garin, *Rinascite e Rivoluzioni*, Bari 1975.
[17] Der Zusammenhang zwischen diesen Überlegungen, die zum Problem des „Machiavellismus" von Nietzsche führen, und den Ursprüngen der modernen Politik ist evident. Das Gesamtwerk von Carl Schmitt (das für Benjamin – wie bereits erwähnt – wesentlich war) kann als die Ausarbeitung dieser Themen interpretiert werden.
[18] Urs v. Balthasar, *Gloria*, Vol. 5, *Nello spazio della metafisica, L'epoca moderna*, ital. Ü., Mailand 1978, S. 417; Originaltitel: *Herrlichkeit*, Bd. 3, *Im Raum der Metaphysik*, 1967. Balthasar schrieb auch über Goethe außerordentlich Wichtiges, über die Beziehung Spinoza–Goethe, Goethe–Nietzsche und über den Einfluß Plotins bei diesen Autoren und in der gesamten Metaphysik der Moderne.
[19] Die folgenden Seiten sind von verschiedenen Themen von L. Chestov, *Athènes et Jérusalem, Un essai de philosophie religieuse*, Paris 1938, bestimmt.
[20] Vgl. G. Colli, *Filosofia dell'espressione*, Mailand 1969, S. 159.
[21] Vgl. G. Colli, *Scritti su Nietzsche*, Mailand, S. 115, S. 149; dt. Ü.: *Distanz und Pathos, Einleitung zu Nietzsches Werken*, Frankfurt a. M. 1982.
[22] A. Galvano, *Artemis Efesia, Il significato del politeismo greco*, Mailand 1967, S. 125.
[23] R. Bodei, *Multiversum, Tempo e storia di Ernst Bloch*, Neapel 1979, S. 72 ff. Bodei entwickelt das Thema des „Augenblicks" von Nietzsche bis zu Benjamin, von Heidegger zu Bloch.
[24] M. L. v. Franz, *Time, Rhythm and Repose*, London 1978; dt. Ü.: *Zeit, Strömen und Stille*, Frankfurt 1981. Zur Beziehung Zeit-Mythos vgl. „Recherches philosophiques" V, 1935-1936, Paris 1936, mit Aufsätzen von Dumézil, Klossowski u. a.
[25] C. G. Jung, *Sul rinascere*, ital. Ü., Turin 1978, S. 46. Gerade in diesem Zusammenhang zitiert Jung den Mittag bei Nietzsche, die Stunde der Panik von Zarathustra.
[26] M. Granet hat den Unterschied zwischen „che" und „chin" im Chinesischen, zwischen der Zeit als Dauer-Zusammenhang und der Zeit, die von der ‚Chance', von der Gelegenheit, der Kombination der Ereignisse, die sich qualitativ spezifiziert haben, untrennbar ist, erklärt. M. Granet, *La pensée chinoise*, Paris 1968, S. 79; dt. Ü.: *Das chinesische Denken. Inhalt, Form, Charakter*, 1985.
[27] Carlo Diano hat sehr wichtige Anmerkungen zur Analyse der symbolischen Formen bei Nietzsche verfaßt, die im „Griechentum" verwurzelt sind. Vgl. *Saggezza e poetiche degli antichi*, Vicenza 1968; *Studi e saggi di filosofia antica*, Padua 1973; *Forma ed evento*, Vicenza 1967.
[28] G. Agamben, *Infanzia e storia*, Turin 1978, S. 106.
[29] J. Hillman, *Saggio su Pan*, ital. Ü., Mailand 1977, S. 127 ff.; *Il mito dell'analisi*, ital. Ü., Mailand 1979, S. 275 ff.

[30] G. Bataille, *Sur Nietzsche*, 1945, ital. Ü.: *Nietzsche, Il culmine e il possibile*, Mailand 1970, S. 134. Die folgenden Zitate wurden diesem Werk entnommen.
[31] Dieses Motiv wurde von Bataille in *L'experience interieur* ausführlich behandelt.
[32] Besonders in *Tesi di Filosofia della storia*.
[33] F. Rosenzweig, *Der Stern*, ebda., Dritter Teil, S. 57.
[34] K. Löwith, *Heidegger und Rosenzweig*, in *Gesammelte Abhandlungen*, Stuttgart 1960.

Alle Nietzsche-Zitate wurden aus: Friedrich Nietzsche, *Sämtliche Werke, Kritische Studienausgabe*, München-Berlin-New York 1980, entnommen.

Emilio Vedova, Andreas o i separati (Andreas oder die Getrennten)

Die profane Beachtung Musils

Unter den Kapiteln, die Musil während seines letzten Lebensjahrzehnts geschaffen und unvollendet hinterlassen hat, erscheinen gewissermaßen als Schlußkapitel des Romanes jene, die dem Ausdruck der Gefühlszustände gewidmet sind. Nachdem das beruhigende Bild einer „greifbaren Ähnlichkeit zwischen der Wirklichkeit und selbst dem genauesten Vorstellungsbild besteht, das wir von ihr besitzen"[1] nicht mehr haltbar ist, ist es nicht mehr möglich anzunehmen, daß Gefühle „das richtige Bild der Welt verfärben und verzerren und falsch darstellen". Nachdem der Mythos des ‚Originalen', dem sich die Vorstellung vollständig unterordnen mußte, der Mythos vom Besitz einer ‚wahren' Wirklichkeit, die der Irrealität des ‚Subjektiven' gegenübergestellt ist, verlorengegangen ist, zergliedert sich die Welt in verschiedene Bilder, die das Gefühl in seinen verschiedenen Abstufungen zusammensetzt. Sicher, „Ulrich war nicht im mindesten gekommen, die Erkenntnis für einen Irrtum oder die Welt für eine Täuschung zu halten", aber dieselbe Vorherrschaft jener Kraft, die uns drängt, uns der Realität immer besser anzupassen, erscheint als ein Gefühlszustand, der überdies beinahe immer mit Vorstellungen unterschiedlicher Eindringlichkeit verbunden, niemals ‚rein' ist. Dieser Beginn, in dem, wie überall im Roman, die Geister von Mach und Nietzsche kritisch einander gegenübergestellt werden, diese Einführung in das Problem einer zwar ‚unbegründeten' Realität, deren Bild wir noch in unendlichen Abläufen, „im Drang des Lebens" zu verbessern, zu erklären suchen, wird in *Ulrich und die zwei Welten des Gefühls* näher bestimmt und entwickelt. Hier handelt es sich nicht mehr um eine bloße „Arbeitsteilung" unter den Gefühlen, sondern um die Möglichkeit des inneren Wachsens an jedem Gefühl.

Diese Möglichkeiten teilen sich für Ulrich grundsätzlich in zwei Typen: Jedes Gefühl kann sich als äußere oder innere Entfaltung entwickeln. Die Charakteristik der ersten, der äußeren Entfaltung, ist die *Bestimmtheit*. Die „äußere Entfaltung" des Gefühls ist immer auf etwas gerichtet, hat ein Ziel, nimmt „aufs Korn", führt zu einer Handlung oder zu einem mehr oder weniger eindeutigen Beschluß. Die innere Entfaltung hingegen scheint inaktiv, als wollte sie sich darauf beschränken, den Ereignissen „hinter einem farbigen Fenster" beizuwohnen. Und doch ist das bestimmte Gefühl, das Gefühl, das sich der Bestimmtheit nähert und ausstrahlende Energie zu sein scheint, dazu gezwungen, seine Bestimmtheit nach und nach bis zur Erschöpfung einzuschränken, seine eigene Kraft auf das Ziel zu entladen, während die *Stimmung*, die sich auf jedes Objekt ergießt, „ohne daß etwas geschieht und ohne daß sie sich dabei ändert", unaufhörlich die Welt verwandelt, „auf die gleiche wunschlose und selbstlose Weise, wie der Himmel seine Farben, und es verändern sich in ihm die Dinge und Geschehnisse wie die Wolken am Himmel".

Das bestimmte Gefühl ist wie „ein Wesen mit greifenden Armen", hastet von einem Ziel zum anderen, von Bestimmtheit zu Bestimmtheit, ohne sich jemals Einhalt zu gewähren. Das bestimmte Gefühl verfärbt sich in ein unbestimmbares, undeutliches Bedürfnis, während das Gefühl, das seine Unbestimmtheit beibehält, das sich kein Ziel setzt, „wie eine Art oder Gattung" zu überdauern scheint.

Eine mögliche Entfaltung des Gefühls ist demnach begehrend und besitzergreifend. Das Gefühl wendet sich der Sache zu, um sie kennenzulernen, das heißt: sie in Besitz zu nehmen, zu beherrschen. Diese seine Bestimmtheit führt fortwährend in Sackgassen: Besitzt man die Sache und beherrscht sie, bedeutet sie nichts mehr und die Intention muß sich wieder unbefriedigt fühlen und sich anderem zuwenden. Das ist eine unendliche Dauerqual, bestimmt von Verlangen, Erwartung und Elend, obwohl sie von Versuchen, sich zu ‚überstrahlen', von Sehnsucht nach der inneren Gefühlsentfaltung, von ihrer „Indifferenz" überdeckt ist. Die Menschen, bei denen die äußere Entfaltung vorherrscht, „greifen lebhaft nach allem und nehmen alles in Angriff"; ihre Leidenschaften sind ebenso heftig wie unbeständig. Diesem „faustischen" steht ein kontemplativer, verinnerlichter Typ gegenüber, dem das Gefühl introvertiert ist, den Musil auch „orientalisch" nennt, der an sich zu halten vermag, „bis Kopf, Herz und Glieder lauter Schweigen sind". Nichtsdestoweniger gewahrt Ulrich, wieviele solcher Definitionen auch schlecht begründet sind. Diese „Modeworte" geben nur in geringem Maße die Gedanken und „die Atemzüge eines Sommertages" wieder. Sicher, „er sah einen großen Unterschied" zwischen den geschilderten Typen: zwischen dem, der all sein Sein in Frieden versetzt und sich dort sammelt, wo „etwas geschieht, ohne daß sie sich dabei ändert", und dem wandelnden Denken, das von einem Problem nach dem anderen zurückprallt, das, wie Evagrius sagte, „den Verstand von Stadt zu Stadt, von Ort zu Ort, von Haus zu Haus" führt.[2] Zwischen diesen beiden Typen, die in ihrer extremen Ausprägung fixiert sind, scheint sich ein grundlegender Unterschied des Lebens auszudrücken. Aber Musil meidet eine abstrakte Phänomenologie des Gefühls oder eine Beschränkung auf eine Makroklassifikation der Weltanschauungen. Der letzte Teil des Romanes begründet zwar eine kräftige Anerkennung der transzendentalen Bedingungen des Nihilismus sozusagen. Die Analyse des begehrenden Gefühls ist ein psychologischer Essay auf der Basis des Nihilismus im Geiste Nietzsches. Und diese Grundlage versucht Ulrich in den „heiligen Gesprächen" mit der Schwester zu erschüttern. Aber dies ist nicht das eigentliche Thema des letzten Teiles – und ich glaube auch nicht die Erkenntnis, daß der Abstand zum Nihilismus bei seiner Anerkennung stehenbleiben muß, daß die Ekstase von seinem Fundament Entwurzelung bleibt und nicht zu diesem übervollen, ausstrahlenden Schweigen gelangen kann, das in sich jede Intention des Begehrens zu verzehren vermag und dem als unerreichbarer Utopie sich jedes Wort zuwendet. Die der Definition nach nicht erzählbare Geschichte ist die außerordentliche Klarheit des Schweigens. Die Geschichte, die erzählt wird, ist das unendliche oder unbestimmbare Versinken des nihilistischen Gefühls – eine notwendig unvollständige Geschichte.

Wenn der ‚Essay' Musils ein Zentrum hätte, bestünde es in der wesentlichen Unmöglichkeit, *sich zu entscheiden*, eine der zwei Welten des Gefühls der anderen vorzuziehen. Dieses Drama bewegt den Musil-Essay: in der Welt ohne Eigenschaften sind die zwei Welten des Gefühls trotz ihres äußerst großen Unterschiedes nicht *entscheidbar*, sie sind in wechselseitiger Äquivalenz, gleichwertig verfügbar angeordnet. Was uns negiert erscheint, ist nicht das Erkennen des Zustandes des Nihilismus und auch nicht die Vorstellung einer möglichen Wandlung des Gefühls zu diaphaner Klarheit jenes „lauter Schweigen", wohl aber die Möglichkeit einer *eindeutigen Wahl* zwischen den zwei Welten. Beide sind unserem Vorstellungsbereich nicht verfügbar, nicht zugänglich. Im *Mann ohne Eigenschaften* passieren sie, kommen sie hin und wieder vor, dem Zufall folgend. Sie widerfahren dem Menschen, brechen über ihn herein. Daher ist sowohl die Sehnsucht nach dem Kontemplativen wie auch die mannhaft erscheinende Anerkennung des faustischen Schicksals sinnlos. Unsere Welt besteht, ‚essayistisch', aus der unüberwindlichen Indifferenz dieses Unterschiedes. Die metaphysische Quintessenz des *Mannes ohne Eigenschaften* besteht in dieser Anerkennung der Unterschiede, die nicht entschieden werden können.[3]

Die zweifache Wesenheit jedes Gefühls gestattet aber eine zu elementare Möglichkeit der Erklärung. Seine „anspruchsvollen Lebensbegriffe" können Ulrich „Genugtuung" sein, diese zwiespältige Wesenheit aber bleibt eben ein unlösbarer Knoten. Es ist, als ob der Begriff kein Urteil mit sich brächte, keine Trennung, keine Unterscheidung, keine Entscheidung. Dem Essay mangelt es nicht am Begriff, sondern an dieser Urteilsfähigkeit, an diesem Entscheidungsvermögen: an Urteilskraft. Der *Mann ohne Eigenschaften* legt vielmehr eine Überfülle an Begriffen dar. Er scheint mit Instrumenten nach Belieben auf die geringsten Einzelheiten einzugehen, um die abwegigsten ‚Typen' zu durchdringen, aber er kann zwischen ihnen nicht entscheiden, nicht urteilen. Denn alle Arten des Gefühls, die seine Instrumente entdecken, bedeuten nur *eine*

Form des Menschen, der in sich die unvereinbarsten Unterschiede birgt, ohne sich für irgendeine Qualität entscheiden zu können. Er ist Nihilist, der jedoch „von Gottes Träumen träumt". Er ist ungeduldiger Aktivist, der in seinem ungeduldigen Handeln doch weit davon entfernt ist, sich mondäner Klarheit und Pragmatik hingeben zu können. Ulrich und Agathe erkennen in sich den Nihilisten und den Aktivisten wieder, und, so könnte man hinzufügen, beide sind kontemplativ und „appetit-artig" – „und bald das eine; bald das andere, je nachdem, wie es kam" dem Zufall überlassen. Dies ist übrigens ihr Sternzeichen. Die Beziehung zwischen Zwillingen ist ja Teil einer Konstellation der Untrennbaren, aber jener Untrennbaren, die sich niemals vereinen können. Die Zwillinge sind gerade in ihrem unüberwindbaren Unterschied untrennbar verbunden; sie sind kein Zeichen von Synthese oder Harmonie, sondern ein doppeltes und ungreifbares Zeichen, aus dem heraus Projekte „als die lautere Unwirklichkeit" geplant werden können und in dem man versucht, in einem Geist zu handeln, „der recht eigentlich ein Zaubergeist der Untätigkeit war". In dieser Konstellation der Arten des Gefühls begegnen sie einander, kreuzen sich ihre Wege, glücklich-unglücklich, dem Zufall folgend. Die Zeit des Gespräches der Zwillinge miteinander ist jene des Zufalls.

Dieses Bewußtsein, diese Auffassung von Zeit, die beinahe notwendig vom „Ausdruck des Gefühlsbegriffs" abgeleitet ist, ist die geheime ‚Gabe' des Mannes ohne Eigenschaften und die Struktur der Utopie des Essayismus. Nur wo sich Gefühl ereignet, und man kann es niemals beurteilen, ist die teilbare Linearität der Zeit durchbrechbar. Das Geschehen des Gefühls in der Konstellation der Zwillinge sammelt sich nicht in einem Punkt der Linie, die vom Ursprung zu einem Ende führt, es gründet nicht auf irgendeinem Zeit-Absolutum. Der Zufall des Beginns („Über dem Atlantik ...") wird von Musil mit der ganzen Kraft seiner Ironie unterstrichen; die Stimmung des „ins tausendjährige Reich" versinkt in einer Stille, die niemals vollkommen erreichbar ist, wie dies bei einigen Finale von Mahler der Fall ist. Aber was das Erlebnis der Zeit nach Musil tatsächlich bestimmt, ist ihre Konzentration während der Erzählung bis hin in die innersten Fasern des erzählten Stoffes, bis in den Einzelfall. Jeder Augenblick des Romans, jeder Gefühlszustand und jede Handlung, die sich darin ereignen, haben ihre eigene Zeit. Es gibt keine Zeit, die von sich aus die verschiedenen Momente und Situationen zum Ausdruck bringt, die als ab-solut (losgelöst und unabhängig) von diesen Momenten analysiert werden kann. Es gibt unsagbar viele *Zeiten*, die eins sind mit den einzelnen Zufällen: Zeit-Zufälle, die sich häufen, die Gruppen bilden und auflösen, die unwiederholbare Ereignisse formen.

Durch dieses *Erlebnis* der Zeit findet bei Musil die Krise der Erzählung ihren Ausdruck. *Erzählen* ist dort möglich, wo sich eine Zeit ereignet, die die Ereignisse *erklärt*, die damit Beziehungen festlegt und deren Ursprung und Ende bezeichnet. Diese Zeit bewahrt in sich die geheime Vorstellung einer *Selbst*-Erlösung, die sie aus antiker und – was beinahe immer vergessen wird – eschatologischer Quelle bezieht, einer säkularisierten Eschatologie, für die die menschlichen Beziehungen, ihre verschiedenen Ausdrucksweisen als solche fähig sind, autonom *einer Richtung* zu folgen, einen Sinn zu offenbaren. An der grundlegenden Struktur dieser Zeit-Konzeption ändert sich nichts, wenn diese Richtung zum Nichts führt, in den Abgrund, und sich nicht zum Guten wendet – auch wenn die Eschatologie nicht in der Lage ist, ihr Versprechen zu halten, ist es ihre Form, die noch die Erzählung dominiert. Die *gegenwärtige* Möglichkeit, ihre Form in Frage zu stellen, bedingt hingegen den einzigen entschlüsselbaren ‚Sinn' des Romanes von Musil. Die Zeit entlädt sich in Myriaden von Zeiten, die die vollkommene Entzauberung durch jede beliebige eschatologische Perspektive mit der äußersten *Sorgfalt* für den Zufall, das Ereignis, den Augenblick begleiten: *der äußersten Sorgfalt für das Einzelne*. Die vollkommene Form dieser Klarheit versieht jeden Zustand, jedes Wort, jede Handlung, jedes

Denken mit diaphaner Klarheit, zerbricht jedes Kontinuum, jede einfache Linearität und wiederholt sich in verschiedenster Form, „wie es kam". Dieses Gefühl der Zeit wird von Musil mit einem langen Swedenborg-Zitat, fast „lächelnd", dargestellt. Das Zitat voll ergebener Ironie schafft einen Distanzeffekt, als ob dieses Gefühl von Zeit sich notwendig jedem Definitionsversuch entziehen müßte und es nur durch die „außergewöhnlichen" Worte eines Sehers möglich wäre, darauf hinzudeuten. Das *Motto* der Meditation, in die sich Ulrich versenken läßt, ist der Traum eines Sehers; und es könnte nichts anderes sein: weil nur die absolute Zeit der Erzählung systematisch beurteilbar ist; die Zeiten des Essays dagegen bezeugen sich nur im Aussagen der Zufälle, die sie ausführen. Sie sind nicht von der *Stimmung* des Augenblicks gesondert zu erfahren. Das Bild zeigt seinen möglichen Ort an, deutet seinen Charakter, ohne eine *Lösung* zu versuchen.

Die Engel „wissen (...) nicht, was Zeit bedeutet, weil im Himmel weder Jahre noch Tage, sondern Zustandsänderungen herrschen". Die Engel haben „keine Vorstellung von der Zeit (...), wie die Menschen (...) Hören sie einen Menschen davon reden – und Gott hat ständig den Menschen Engel zugesellt – dann verstehen sie darunter Zustände und Zustandsbestimmungen (...) Jeder wird in der geistigen Welt dem anderen sichtbar erscheinen, sobald er ein dringendes Verlangen nach dessen Gegenwart hat, denn dann versetzt er sich in seinen Zustand; umgekehrt wird er sich bei vorhandener Abneigung von ihm entfernen". Ulrich machte es „große Lust", diese Bilder des „alten Metaphysikus" hervorzuzaubern, der von den Engeln mit der Selbstgewißheit und Genauigkeit des „gelehrten Ingenieurs" sprechen kann, in trocken-unträumerischer Weise. Die Entladung der Zeit in den ‚Zeit-Zuständen' der Seele setzt sich radikal von der eindeutigen, äußerlichen Ausrichtung des Gefühls ab, von der appetitartigen, gefräßigen Bestimmtheit des faustischen Menschen, die nur auf der Grundlage linear eschatologischer Zeit vorstellbar wäre (wie sehr säkularisiert diese Eschatologie auch erscheinen mag). Eine Konzeption der Zeit, die die appetitartige ausschließt, eignet sich nicht zum unendlichen Ändern der Gefühlszustände; dieses Ändern verlangt nach jener Konstellation der Zufälle, in der sich Nihilisten und Aktivisten, kontemplativer und appetitiver Typ vereinen.

Gott hat den Menschen ständig Engel zugesellt, damit sie ihnen von diesen möglichen Zeit-Zuständen sprächen; sie sind Nicht-Ort (*ou topos*), der der gegenwärtigen Raum-Zeit des Menschen zugesellt ist. Im Essay ist die *Entscheidung* zwischen den beiden Dimensionen nicht möglich: sie könnte das Leben im Himmel bedeuten oder die idolatrische Affirmation der Zeit als einzig vorstellbare Wirklichkeit. Daher kann Musil-Ulrich nur „lächelnd" von der engelsgleichen Naivität des alten Metaphysikus sprechen, der in seiner Vision die Entsprechung der Zeit dem inneren Zustand *gegenwärtig* glaubt und der davon spricht, „als wären es Stockholm und seine Bewohner". Und dennoch entdeckt diese ‚engelsgleiche' Naivität die Unbegründetheit des Anspruchs, eine absolute Zeit zu erreichen, gleichzeitig enthüllt sie die Unbegründetheit jenes Merkmals, das sich als absoluter Herr verstanden wissen will, weil es über die absolute Zeit regiert: die Unbegründetheit des Begehrens, des Allbestimmten, des Nihilistischen. Der Untergang dieser Vision öffnet den unendlichen Komplex der Lebensmöglichkeiten, die schwierige Ars combinatoria, die aus jeder das Charakteristische, die spezifische Zeit, zu erfassen und alle Möglichkeiten nachhallen zu lassen versteht. So muß das Problem der Zeit, wiedergefunden am Ende der Analyse des Gefühls, in jenes einer essayistischen Moral übergehen: „eine Moral (...); die mit der realen Macht des Zuwachses ausgestattet" und die nicht den „periodisch, katastrophalen Mißerfolgen" unterworfen sei, die „nicht auf einer stabilen, ewigwährenden Ordnung, wohl aber auf ununterbrochener Aktivität einer schöpferischen Phantasie"[5] begründet sei. Dieser *problematischen* Moral entspricht bei Musil ein problematisches Aufziehen einer Zeit, die sich zum einzelnen Zustand häuft, die ihn erleuchtet und umarmt, wie – in einigen Bildern bei Bosch – große Glas-Aureolen den Zauber der Liebenden, die nicht zusammenkommen können und dennoch nie getrennt sind, gleichzeitig scheiden und bewahren.

Hier ist es nicht möglich, dem Problem des Essays bei Musil ganz auf den Grund zu gehen. Es wird genügen, seine Stellung innerhalb des Kommentars angedeutet zu haben. Der Essay ist nicht sicherer Ausdruck der Epoche, in der „das Unsichere wieder zu Ansehen gekommen war", in der Menschen, „die ein etwas unsicheres Metier betreiben, Dichter, Kritiker, Frauen und die den Beruf einer neuen Generation Ausübenden, Klage erhoben", neuen Glauben und „pures Wissen" zurückverlangen. Der Verdacht des Essays gegen jeden Anspruch, eine Ordnung, einen letzten Grund zu erreichen, „das Vollendete" zu suchen, birgt nichts Einstweiliges oder Nebensächliches in sich, als ob es sich um „Ausschuß" verlorener Weltanschauungen handelte. Der Essay erscheint eher als ein entschiedener Stil des Lebens und Denkens, als eine völlige Annahme der Verantwortlichkeit gegenüber jeder dekadenten Unsicherheit sowie gegenüber beständiger Philosophie. Der Essay ist weder frei oszillierende Intelligenz, impressionistische Schreibe, noch einfach ‚schwebende' Form in Erwartung neuer Systeme. Tatsächlich ist er die Beschreibung jener inneren Zeit-Zustände, die dem Kontinuum der Erzählung entzogen, nicht auf ein System beschränkbar sind; aber deswegen nicht weniger analytisch, mikrokosmisch beschreibend, nicht weniger *genau* beschreibend in ihren Unterschieden. Die Polarität von Ironie und Utopie[6], die den Essay konstituiert, ist auch jene zwischen dem Sichauflösen des Kontinuums (die Krise des Erzählens) und der ‚Ent-ortung' des Engels-Zustandes, den Musil mit den Worten Swedenborgs ‚ironisch' beschreibt. Die unendlichen Grade der Utopizität des Realen – und genau das ist Stoff des Romanes – bringen auch die Vielzahl möglicher Beziehungen zwischen Zeit und Zufall zum Ausdruck, die Unzahl der möglichen Bedeutungen des Geschehens. Darin besteht kein allegorisches Spiel und kein bloßer ‚Versuch', sondern im Gegenteil höchste *Zuwendung* (adtendere) zu jeder dieser Möglichkeiten – und Entsagung ohne jeden ästhetisierenden Pessimismus, den Weg nicht zu Ende durchlaufen, die Utopie nicht einlösen, aus der Welt der Zufälle nicht eine ‚geistige' Welt machen zu können.

Der Essay Musils umkreist weder ein Zentrum, noch verkündet er das zukünftige System.[7] Daher wiederholt sich seine Zeit weder durch verschiedene Kreisbahnen, die um ein Zentrum herum verlaufen, das sie anzieht und dem sie sich immer entzieht, noch flieht sie eschatologisch in eine neue Verkündung, eine neue Ordnung. Dagegen rufen nur die *Zeiten* der Zufälle seine Beachtung hervor, und diese Zeiten werden von seiner Beachtung *kommentiert*. Der Essay ist die Schrift dieser Zeiten oder ihr Kommentar, höchste Zuwendung zur Welt als Ganzes, als vielgestaltige „Gesamtheit der Tatsachen" (Wittgenstein). Das Gegenteil jeden Impressionismus oder jeglicher vitalistischer Einfühlung: tatsächlich bedeutet Zuwendung Distanz, Kritik, Ironie. Aber die Ironie selbst verändert sich, wenn sie den Zufall – an der heiklen, harten, profanen Oberfläche des Zufalls – als die Utopie des Untergangs der Zeit, als die Utopie des plötzlichen und vollkommenen Sichoffenbarens im Raum des inneren Zustandes begreift.

Der letzte Teil des Romanes, der von sorgfältiger Zuwendung zu den inneren Zuständen dominiert wird, ist auch jener, in dem sich der vollendetste Ausdruck Musilscher Vorstellung vom Essay befindet. Tatsächlich erscheint der Essay als die höchste Form der Beachtung. Für diese Form bestehen keine unbedeutenden Einzelheiten, sondern nur unbeugsame Singularität. Kaum richtet man seine Beachtung auf das Besondere, erklärt es sich schon als unvorhersehbare, unergründliche Singularität. Die Tonalität des letzten Teiles des Buches, die außerordentliche Spannung, die den Bruder mit der Schwester vereint, als könnten sie nur am Rande einer radikalen Trennung vereint sein, die ununterbrochene Meditation, die aus solchem Zustand entsteht (kein Fluß des Bewußtseins, wie bei

Schnitzler, sondern Fluß der Meditationen) – diese Tonalität wird von der Zuwendung zur Singularität vorgegeben. Sie ähnelt der mystischen *prosoché* der Sucher der Ruhe, und Ulrich zeigt sich darüber sehr bewußt, auch wenn keine Methode, keine Technik sie jemals lehren könnten. Rein kann Ulrichs Zuwendung nicht sein, weil sie frei von jedem Denken oder jeder Einbildungskraft, von jeder Intention oder jedem Willen ist, sondern nur weil sie den Zeiten ihres eigenen Essayismus angehört. Vom mystischen Gesichtspunkt aus scheint sie paradoxe Zuwendung, Beachtung zu sein, die sich nicht durch eine erlösende Ek-stase entwickelt, sondern vielmehr mit größter Kraft und Leidenschaft auf diese Zustände, auf ihre Besonderheiten zurückführt. Das Paradoxe der Zuwendung bei Musil besteht darin: sie blickt auf das Profane, auf die unendlichen Grade der Utopizität des Realen, als ob sie etwas Göttliches erlitte (ein göttliches Pathos), als ob sie die Zustandsänderungen einer reinen geistigen Welt beschreiben wollte. Und wegen dieses „als ob", das noch am Äußersten der kontemplativ-meditativen Kraft des Romanes unbeugsamer Wächter dieser ihm innewohnenden Kraft ist, kehrt der auflösende Zauber des *ironischen* Erkennens wieder.

Simone Weil sagt in *La connaissance surnaturelle*: „Gott ist Zuwendung ohne Ablenkung".[8] Auf diese Weise taucht das große mystische Thema einer unerschöpflichen Kraft der *Intuition*, eines Erfassens der Dimension der Ek-stase, um das Vergessen unmöglich werden zu lassen, in den Zufällen des Musil-Romanes wieder auf, das heißt in einem Zustand, der ganz gottlos scheint: *ohne Eigenschaften*. Die essayistische Form als Zuwendung ohne Ablenkung entstehen zu lassen, den Essay zu einer Form nicht-ablenkender Gefühlserkenntnis zu machen, das ist die große *complexio oppositorum*, die die Ereignisse des Romanes miteinander verbindet. Gerade das wandelnde Denken des Essays erreicht, im Durchschreiten der Unerschöpflichkeit der Zufälle, die Tonalität der *prosoché*. Kein einziger Zufall wird dadurch verdrängt, vergessen. Die Zuwendung versinkt in allem, von allem offenbart sie eine abgründliche Dimension. Das Denken des Essays *schwebt abgründlich* und nicht mehr von Oberfläche zu Oberfläche, von Moment zu Moment, wie in der Zeit der bloßen Dauer. Der Paradox-Charakter der Beachtung als Zuwendung wird bei Musil nun mit größter Evidenz deutlich, wenn wir den Essay als grundsätzlich nicht-prädikative Schrift denken. Prädizieren-aussagen heißt, apriorisch beurteilen-spalten, besitzen oder das Wesen einer Sache besitzen zu wollen, weil es von ihrer Erscheinung abtrennbar gedacht wird. Der Zufall läßt bei Musil solche Abtrennung nicht zu. Der Essay, der sich mit *diesen* Zeiten beschäftigt, die nach den verschiedenartigen Zufällen benannt sind, die ihm zukommen, besitzt keinen *wahren* Namen. Die Schrift des Essays ist *enteignete* Schrift[9]. Die stärkste Kraft der Zuwendung, die er aufbringen kann, fällt zusammen mit dem Nicht-Abschaffen der Unmöglichkeit, zu urteilen, fällt damit zusammen, sich nicht vom *Prädizieren*, vom prädikativ Aussagen, hinreißen zu lassen. Und wenn das Wesentliche der Aussage aus dem Verb ‚sein' selbst besteht, befreit sich die Schrift des Essays vom ‚sein' oder sie nennt es, nur um seine Unbegründetheit zu ironisieren. Hier besteht die tiefste Übereinstimmung zwischen Musil und Nietzsche: in der Kritik der Seins-Kategorien, jeden Anspruchs, prädikativ die Abtrennbarkeit des Wesens von der Erscheinung behaupten zu wollen.[10]

Was Derrida zum Kommentar Levinas sagte, könnte leicht auch für das Thema Musils gelten. Auch für Musil müßte eine „nicht gewalttätige Sprache" in einer Sprache ohne das Verb ‚sein' bestehen. Denn „das Verb ‚sein' und der Aussage-Vorgang sind in jedem anderen Verb und in jedem Gemeinnamen enthalten, die nicht gewalttätige Sprache könnte im Äußersten eine Sprache bloßer Invokation sein, reiner Verehrung: sie würde nur Eigennamen zulassen, um den anderen aus der Ferne anzurufen".[11] Der Dialog zwischen Bruder und Schwester zielt *unbeabsichtigt* darauf ab, eine ähnliche Sprache zu realisieren. Ulrich und Agathe ‚rufen sich' aus der Ferne an.

Sie sind, so weit voneinander entfernt, untrennbar und dennoch niemals vereint. Diese Sprache ist die äußerste vorstellbare Utopie, die letzte Dimension der Utopizität des Realen. Aber gerade weil eine absolut nicht gewalttätige Sprache im Äußersten bloße Invokation sein sollte (der Mystiker würde sagen: schweigendes Gebet des Herzens), ist ihr die Dimension der Ferne Natur – sie kann nur von fern rufen, das heißt: *fern sein*. Die Form des Essays zerfrißt und kritisiert die Gewalt der Aussage bis zu dem Punkt, an dem von weither nach der Utopie einer Sprache gerufen wird, die allen Seins enteignet ist; es kann nur so weit kommen, nicht weiter. Diese Sprache aber müßte in Wirklichkeit eine Art des Zuhörens sein, wie es sich für Kierkegaard im richtigen Gebet ereignet, in dem die reine Zuwendung zum Gespräch mit Gott sich von jeder Versuchung und jeder Ablenkung befreit, von jedem Anspruch und von jeder Forderung und rein im Zuhören verharrt.[12] Dem Essay gelingt es nur, auf dieses Zuhören hinzuweisen. Aber der göttliche Zustand dieses Hörens ist dem Menschen notwendig verwehrt.

Den Höhepunkt der Zuwendung könnte also eine Sprache ohne ‚sein' darstellen, die sich im Zuhören erfüllt. Die essayistische Zuwendung Musils *zeigt* diese Utopie mit Ironie, Entsagung und Gelassenheit. Eine Sprache, die ohne ‚sein' sagt, entspräche einer Moral, die als schöpferische Phantasie handelt, ohne zu verpflichten, einer Liebe, die weder verlangt noch besitzt, sondern befreit, nichts ausschließt, nichts begehrt, sondern nur gibt, die sich als bloße Hingabe (dépense) offenbart. Dies ist vielleicht ein Versuch, jenes Schweigen zu *sagen*, das jede Aussage, jedes Ur-teil der Sprache des ‚Seins' umgibt, jenes Schweigen, dessen Weg Wittgenstein am Ende des *Tractatus* versperrte.

Anmerkungen

[1] Alle Musil-Zitate wurden Robert Musil, *Gesammelte Werke in 9 Bd.*, hrsg. von Adolf Frisé, Reinbek b. Hamburg 1978, entnommen.
[2] „Heutzutage sind wir wirklich Reisende und Pilger auf der Erde: wahrhaft vergänglich: Eintags-Wesen (...)". G. Leopardi, *Zibaldone*, 4270-4272. Dt.

Ü.: *Gedankensammelsurium. Gedanken über Verschiedenes aus der Philosophie und der schönen Literatur.*

[3] Die „Dialektik", die dieser *Zwillingsliebe* zugrunde liegt, scheint tatsächlich jene einer bestimmten Romantik (ironisch-verzweifelt) zu reflektieren. An wichtiger und zentraler Stelle seines Dialoges *Bruno* illustriert Schelling das „Sich-Umwandeln" in vollkommene Einheit des absoluten Kontrastes und die unendliche Gegensätzlichkeit dessen, was sich niemals voneinander lösen kann.

[4] Noch einmal Schelling: In einigen Passagen der *Urfassungen* der *Weltalter* verwirft er die mechanistische Darstellung der undifferenzierten und unbestimmten Zeit und stellt ihr eine Konzeption der Zeit gegenüber, die als Ganzes niemals auf letzte und einfache Elemente der Dauer reduzierbar ist, Augenblicke, unterschiedliche Fragmente, die unvergleichlich und unmeßbar sind.

[5] P. Zellini, *Breve storia dell'infinito*, Mailand 1980, S. 29.

[6] Vgl. B. Allemann, *Robert Musil*, in *Ironia e poesia*, ital. Ü., Mailand 1971, S. 185 ff.

[7] Darin unterscheidet sich der Musil-Essay von jenem von Lukacs über *Die Seele und die Formen* ‚metaphysisch' (so wie sich seine Ironie von der Manns unterscheidet. Er erscheint hingegen jenem von Benjamin verwandt. Vgl. G. Schiavoni, *Walter Benjamin*, 1980, S. 35.

[8] Zit. nach A. del Noce, *Simone Weil interprete del mondo d'oggi*, in *L'epoca della secolarizzazione*, Mailand 1970, den ich in diesem Punkt meiner Arbeit trotz der Unterschiedlichkeit unserer Thesen aufgegriffen habe.

[9] In diese Richtung könnten die interessanten Ansätze von E. Castrucci, *Ekstatische Sozietät, Note filosofico-politico su Robert Musil*, 1977, weiter entwickelt werden, die ich schon in meinem Buch *Dallo Steinhof*, Mailand 1980, S. 89 ff., diskutiert habe.

[10] Über die Beziehung zwischen Musil und Nietzsche findet sich eine interessante ‚Zusammenfassung' in I. Seidler, *Das Nietzschebild Robert Musils*, in AA. VV., *Nietzsche und die deutsche Literatur*, Bd. 2, Tübingen 1978.

[11] J. Derrida, *Violenza e metafisica*, in *La scrittura e la differenza*, ital. Ü., Turin 1971, S. 189; dt. Ü.: *Die Schrift und die Differenz*, Frankfurt 1977. Richtigerweise verweist Desideri in seiner letzten Arbeit *Walter Benjamin, Il tempo e le forme*, Rom 1980, auch was Benjamin betrifft auf diese Seiten.

[12] S. Kierkegaard, *Diario*, Bd. I, ital. Ü., Brescia 1962, S. 455.

Notwendigkeit des Engels

Die „Erkenntniskritische Vorrede" der Untersuchung „Ursprung des deutschen Trauerspiels" erscheint Scholem als „Engel mit dem Flammenschwert des Begriffs", der am Eingang des Paradieses der Schrift steht.[1] Aber er „bewacht" vielleicht nicht nur dieses Buch, sondern das Gesamtwerk Benjamins. Die sogenannte Relevanz dieser Vorrede zum Werke wurde nicht oft erkannt; auch die geläufigeren Interpretationen neigen dazu, sich auf die bloße Phänomenologie des Trauerspiels, auf die Analyse des allegorischen Waldes zu beschränken, oder sie fassen die Vorrede als Gradmesser der Beziehungen Benjamins zur philosophischen Kultur seiner Zeitgenossen (vor allem der Entwicklung der Lehre Husserls und des Neokantianismus) auf, als ob das Problem darin bestünde, das Werk Benjamins zwischen diversen Schulen akademisch einzuordnen.[2] Aber der Grundton dieser Seiten könnte genügen, uns zu einer radikaleren Prüfung zu verpflichten: Hier versucht Benjamin, seinem Hauptproblem begrifflich Rechnung zu tragen, dem Problem der *Darstellung*. Es liegt an der *Frage der Darstellung*, die an jeder Zeitenwende, in jeder *Krise*, „mit jeder Wendung", die philosophische Literatur umkehren lassen muß. Wenn normalerweise, wenn die Philosophie ‚normaler Zeiten' diese Sorgfalt vernachlässigt, wenn sie der Sorgfalt der Darstellung keinen Raum schafft, übernimmt die philosophische Literatur einer Zeit der Krise, einer Krisen-Zeit, diese Sorgfalt als Hauptanliegen, als ihr *eigentliches Anliegen*. Womit nun das Thema, das unseren Kommentar beenden wird, an den Beginn gestellt werden kann: Die Philosophie, die zur Frage der Darstellung zurückkehren *muß*, wird in ihr Fragen vor allem das Problem der Zeit miteinbeziehen. Die *Zeit der Darstellung* wird konzeptuell von der Zeit bestimmt werden, die sich in der ‚normalen' philosophischen Literatur ausdrückt.

Die Darstellung, um die es hier geht, ist die Darstellung der *Ideen*. Ihre „prosaische Nüchternheit", der „enthobene" Ton ihrer Erörterung, beides läßt zum Schluß keine dialektischen Kapriolen zu, die Frage auf ‚normalere' oder ‚aktuellere' Dimensionen zurückzuführen. Benjamin bestätigt ausdrücklich die *Großartigkeit* des Objektes der Darstellung: „Wenn Darstellung als eigentliche Methode des philosophischen Traktats sich behaupten will, so muß sie Darstellung der Ideen sein". Ideen, deren Dimension sich nicht auf das Gebiet der Erkenntnis projiziert, die daher nicht ‚Besitz' der Erkenntnis, nicht Produkt der Spontaneität des Verstandes sind, sondern „ein Vorgegebenes", etwas schon Gegebenes. So muß sich das *Ringen* um Darstellung erneuern, wenn die Dimension der Ideen (als Vorgegebenes, Vorgesetz) Gefahr läuft, Opfer einer negativen Theologie zu werden, die abstrakt-unmittelbar die Unsagbarkeit der Ideen affirmiert. Wenn dies das größte Risiko ist, erneuert sich gerade deswegen „mit jeder Wendung" das Ringen um Darstellung.

Die Idee ist von der Erkenntnisfolge unterschieden. Sie ist „durchaus unvermittelt", bietet sich der Beobachtung und ist von keiner Intention determiniert. Ihr Sein ist intentionslos, a-intentional. Das Problem der Darstellung ergibt sich auf dieser Stufe der Radikalität – als Darstellung dieser Idee, der Ideen als „ewige Konstellation", „faustische Mütter". Die Idee gibt sich der Betrachtung, sie ist daher nicht einfach *Eidos* oder Form der Betrachtung; die Idee ist nicht auf die Form der Vision reduzierbar. Hier polemisiert Benjamin ausdrücklich gegen die neokantianische Plato-Interpretation. Er arbeitet noch allgemeiner heraus, wie sein Gebrauch des Begriffes ‚Idee' von jenem im Bereich einer ‚Kultur der Vision' unterschieden werden muß. In der ‚Kultur der Vision' drückt sich das gleiche Wissen als Besitzen-Konzipieren (‚concipere') in derselben Art des Sehens oder des Vollkommen-Sehens (‚theoria') aus.[3] „Die Wahrheit ist der Tod der Intention", und daher ist jegliche Untersuchung, die sie auf ein Erkenntnisobjekt reduzieren möchte, dazu bestimmt, außerstande zu sein, „aufs eigentümliche Gegebensein der Wahrheit, als welches jeder Art von Intention entzogen bleibt" einzugehen. Die

Wahrheit *gibt sich* (der Nachhall der Ideen, der ihre unüberwindlichen, stellaren Differenzen durchdringt, ist für Benjamin die Wahrheit), aber nicht in den Formen der analytischkonzeptuellen Erkenntnisfolge. Solche Formen müssen streng von der Dimension der Ideen unterschieden werden. Für solche Formen besteht darin kein *Problem* der Darstellung: Ihrem Wesen nach stimmt sie mit demselben Vorgang ihrer Reproduktion überein. Produktion der Form – Darstellung der Ideen: nur dieses letztere ist die Frage, der die philosophische Literatur sich in ihren entscheidenden Strömungen immer wieder zuwendet. Die Reduktion der Wahrheit auf eine intentionale Relation läßt nur die negative These über ihre Undarstellbarkeit an Kraft gewinnen, denn in solcher Relation ist es nicht die Wahrheit, die sich darstellen kann. Dementsprechend produziert die negative These von Wahrheit als unerfaßbarer Transzendenz-Kluft unaufhörlich die Übersetzung von Ideen in eine formalistische Erkenntnisfolge, in eine bloß intellektuelle Ordnung. Benjamin scheint hier eine tiefe Verbindung zwischen negativer Theologie und jener transzendentalen Abwandlung der Idee zu vermuten, die die moderne Philosophie charakterisiert. Einerseits ist aufgrund dieser Verbindung kein authentisches Vorgesetz gegeben, und andererseits tendiert die Ebene der Ideen, die zu einer Formel der Erkenntnis-intention „geworden" sind, dazu, im eigenen Bereich jede mögliche Form der Darstellung zu erschöpfen. Die höchste scheinbare Reinheit der Ebene der Ideen (die mit der Affirmation ihrer Undarstellbarkeit übereinzustimmen scheint) endet solchermaßen damit, das Feld einer Art säkularisierter Idolatrie der Formen des Intellekts zu überlassen.[4]

Solcher Konklusion zu entgehen, darum ringt für Benjamin die Philosophie immer aufs neue. Nur „eine landläufige Anschauung" stellt die Kondition jener bloßen „Forschung" gleich, ja ordnet sich ihr nachgerade unter. Der Forscher ist in den Bereich eines einfachen „Verlöschens bloßer Empirie" oder „negierender Polemik" gezwängt. Der Philosoph setzt sich hingegen mit der *positiven* Darstellung der Ideen auseinander, mit der Art, wie sich die Ideen darstellen. Aber Vorsicht ist hier geboten: Es geht nicht darum, diese Beziehung als eine *Aufhebung* der Forschung herzustellen. Die Philosophie mit ihrem vitalen Interesse an einem „Verlöschen bloßer Empirie" hält einerseits an der Forschung genauso wie andererseits an den Bildern der Kunstwelt fest. Diese beiden Dimensionen werden in Wahrheit von der philosophischen Untersuchung nicht ‚überwunden'. Die philosophische Untersuchung setzt nicht am Höhepunkt eines ‚Aufstieges' in Richtung ekstatischer Intuition der Wahrheit an. Der ‚Platonismus' Benjamins unterscheidet sich auf diese Weise sehr klar von der neokantianischen Abwandlung der Ideen zur transzendentalen Figur wie von gnostischer Sehnsucht neoplatonischer Abstammung (Benjamin spricht ja von einem heidnischen Neoplatonismus).[5] Die Idee *ist* nicht am Höhepunkt einer Initiations-Reise gegeben. Denn ihr Gegebensein ist nicht jenes irgendeiner Modalität von Intention. Das Wesen der Wahrheit wird den Wesensgehalt der Dinge beinhalten. Oder es wird sich von ihm nur wegen seines *höheren* Wesensgehaltes unterscheiden. Das Sein, das auf diese Weise besteht, das „aller Phänomenalität entrückte Sein", ist das des Namens: „Es bestimmt die Gegebenheit der Ideen". Nicht aber der Name einer unerforschlichen ‚Ursprache': auch hier schließt Benjamin irgendeine ‚mythologische' Interpretation seiner Schrift aus (die nämlich von „prosaischer Nüchternheit" geprägt sein will). Die Gegebenheit der Ideen in dem Sein des Namens ist ihr Gegebensein in der positiven Wesenhaftigkeit der Sprache, wenn sie nach ihrem „unverloren benennenden Adel" befragt wird. Die Gegebenheit der Ideen ist ein *sprachliches* Gegebensein. Aber sie offenbart sich nur einer Prüfung des Wortes, die das Primat des *symbolischen* Gehalts daraus wiederherzustellen vermag. Die Idee stimmt mit dem Moment überein, in dem das Wort Symbol wird: sie gibt sich im symbolischen Gehalt des Wortes, im Namen, hin. Die Aufgabe der Philosophie scheint das beständige Erinnern (Anamnesis!) dieser Prüfung, das Wiederherstellen des symbolischen Gehalts des Wortes auf eine Art zu sein, durch die die Idee zur *Selbsterklärung* kommen kann. Das Problem der Darstellung ist daher auch das des Symboles. Nur wenn das Wort einen ‚Augenblick' bewahrt, der, neben seiner offenkundig profanen Bedeutung, Symbol ist, kann die Idee sich darstellen. Und sie stellt sich genau im Wort, in *diesem* Wort dar (kommt darin zur Selbsterklärung), überzeugend, positiv. In diesem Wort schwingt kein ‚Ausnahmecharakter' mit. ‚Außergewöhnlich' ist höchstens die Prüfung, dank deren man die unverlorene Fähigkeit, zu benennen, wiedergewinnen oder, um es anders auszudrücken, die Profanität auf- und verklären kann.

Wenn sich die Rettung der Phänomene mit einem Schlag mit der Darstellung der Idee ereignet, wenn ihre Rettung darin besteht, sie als Punkte ewiger Konstellationen der Ideen zu konzipieren, dann besteht diese Aufgabe darin, die Dinge bei ihrem Namen auszusagen, im Aussagen jenes Gehaltes des Wortes, in dem solche Ideen durchleuchten. Der Philosoph ringt immer wieder aufs neue mit immer denselben Worten: um das Primat des Symbolischen wiederherzustellen, um der Idee Raum zu schaffen, bis es zur Darstellung kommen kann. Dieses Ringen stellt sich in Wahrheit als ein *dem Engel sagen* (als eine Aussage *der Dinge*, aber dem Engel gegenüber, um sie zu retten) dar – und zugleich als ein Ringen *mit* dem Engel um die Darstellung. Das erklärt die Stelle über das *Symposium* (eine Stelle, in der die Interpretation des Eros von Hinweisen auf die Exegese von Warburg durchsetzt ist). Die Erscheinung des Schönen verführt nur so weit, bis es bloße Erscheinung ist und als solche „die Verfolgung des Verstandes" nach sich zieht (der das Objekt als Phänomen meistert). Aber sie zeigt „seine Unschuld, wo es an den Altar der Wahrheit flüchtet". Das platonische Thema der Beziehung zwischen Wahrheit und Schönheit wird von Benjamin als Dokument des Problems der Darstellung wieder aufgegriffen. (Und daher wird gesagt, es sei für die Bestimmung des Wahrheitsbegriffes selbst unersetzlich.) Eros ist *Erwartung* der Darstellung, ad-tendere (zu-wenden). Wenn er sich der Wahrheit zuwendet, wird er seiner ursprüng-

Paul Klee, Angelus novus, 1920 69

lichen Bestimmung nicht untreu, „denn auch die Wahrheit ist schön". Auch hier darf Eros nicht als ‚erklärendes' Prinzip verstanden werden, als Kraft, die das Erscheinen einfach transzendieren läßt. – Denn das Schöne ist *Symbol* zwischen Schein und Wahrheit, und Eros erwartet eigentlich weder die Wahrheit noch die Erscheinung als solche, sondern deren Symbole. Die Aufgabe des Philosophen entfaltet sich unter dem gleichen Zeichen von Eros: nicht Sehnsucht nach ‚Ursprache', sondern nach dem Wort als symbolischer Kraft. Dieses Wort flieht Eros (wie das Schöne), der der Liebende ist, „aus Angst", so daß der Liebende seine „Jagd" immer wieder aufs neue aufnimmt, und es flieht den Verstand (der das Wort auf seine „offenkundige profane Bedeutung" beschränken möchte) „aus Furcht". Die Philosophie charakterisiert sich als Eros der Darstellung und nicht als vollkommene Enthüllung, als ‚Apokalypse' der Wahrheit. Die Darstellung vernichtet das Geheimnis nicht, sondern sie stellt es im Wort dar oder besser, in der Prüfung, die der symbolischen Dimension des Wortes (seiner Schönheit) Gerechtigkeit widerfahren läßt. Die Darstellung kann nicht *Er-lösung* sein. Denn die Idee kann sich nicht aus sich selbst heraus geben, sondern nur aus der Prüfung des Wortes, – *in diesem fragenden Prüfen*, das wie das Nachfolgen des Eros der Flucht des Schönen ist, unendliches Folgen, Erinnern derselben Worte immer aufs neue, sich ihnen als flüchtigen Symbolen der Ideen zu widmen.

Es ist diese Konzeption der Repräsentation, bei der es sich um die Darstellung der Ideen als ewige Konstellationen handelt, aber um eine Darstellung bar jeglicher theoretisch-intuitivgnostischer Hybris, um „sprachlich gebundene" Darstellung, die sich in der Figur des Engels konzentriert. Solche Figur muß esoterischer Faszination entrückt werden, aber ebenso dem ästhetisch-literarischen Zugriff, als ob es sich um ein einfaches metaphorisches Spiel handelte. Die *Notwendigkeit* des Engels ergibt sich bei Benjamin aus dem Problem der Darstellung, als Darstellung der Ideen, das sich aus kaum skizzierten Modalitäten ergibt. Der Engel ist die Figur der Darstellung: sein Wort bedeutet ‚Darstellung', wenn es auf seinen Symbolgehalt befragt wird. Denn die Aufgabe des Philosophen besteht darin, fortwährend Darstellung zu versuchen und nicht nur die Forschung zu entwickeln, zur „gedrängten Positivität" der Darstellung zu gelangen und nicht nur die Empirie zum Verlöschen zu bringen, deswegen hat *auch* der Philosoph (und nicht nur der Künstler mit seinen Bildern) notwendig mit dem Engel zu tun: sein Sagen muß auch Darstellung sein, Sorge um die Darstellung. Es ist, als ob sich diese Sorgfalt in ihrer vornehmsten Ausprägung der Darstellung selbst zuwendete. – Aus dieser vornehmsten Ausprägung entspringt das Sinnbild des Engels.

Entweder ist die Idee absolut verborgen – und die Ebene der Wahrheit (die die Ideen in ihrem Nachhall bilden) besteht daher in einem unerforschlichen Mythos –, oder es gibt einen Namen, der sie darstellt. Dieser Name ist engelsgleich, dieser Name ist ‚Theophanie' der ewigen Dimension der Ideen. Indem wir uns ihm zuwenden, sammeln, retten wir die Phänomene: als Punkte einer ewigen Konstellation, die sich in ihm darstellt. Die Möglichkeit, der ‚mathematischen' Strenge der negativen Theologie zu entkommen, aber gleichzeitig kompromißlose Bewahrung der Wahrheit zu gewährleisten, diese Möglichkeit ist dem Namen anvertraut, als Name des Engels oder als Engel.[6] So enthüllt der Engel, was unenthüllt geblieben wäre (im Namen ist die Idee gegeben), aber das Verborgene erhält sich in dieser Enthüllung als wesentlich Unenthüllbares. Die Darstellung vernichtet das Geheimnis nicht; das Symbol ist nicht Erklärung, es be-greift sein Objekt nicht, es ist nicht Erkenntnisbegriff. Der Name des Engels enthüllt, und gleichzeitig verfolgt er das, was er enthüllt, wie Eros die Schönheit, die an den Altar der Wahrheit flüchtet. Der Name besitzt das nicht, von dem er Name ist. So leiteten die arabischen Grammatiker denselben höchsten Namen, Al-lah, aus einer Wurzel ab, die Trauer und Sehnsucht mitbezeichnete, als ob der höchste Name, immer nur Name, immer an die Dimension der Darstellung gebunden, eine unerfüllbare Sehnsucht nach dem unzugänglichen Prinzip ausdrückte. Der Engel, das Problem der Darstellung, ‚orientiert' den Menschen nicht an der ‚Eroberung' des Unenthüllbaren, sondern an der Anerkennung seiner Gegebenheit im Namen. Der Mensch findet im Engel nicht den Hermeneutiker des höchsten Prinzips, sondern den Exegeten seines Namens. Und der Engel erzieht den Menschen zur Liebe zu diesem Namen (neuerlich wieder die Eros-Dimension). Das Pathos, das den Menschen bewegt, ist daher mit dem Engel geteilt. Seine Figur ähnelt stärker jener des in unserem eigenen Umbruch ergriffenen Gefährten, als jener hermetisch-gnostischen des Psychopomp. Der Engel folgt seinem Getreuen, er begehrt, benannt zu sein. Und der Getreue erzieht sich, indem es ihn zu benennen gelingt, ebenso zur Sehnsucht nach dem Unenthüllbaren, das das Pathos des Engels ausmacht.

Die Angelologie, die den Hintergrund Benjaminscher Überlegung bildet, ist daher weit von jeglichem theophanen Triumphalismus entfernt. Diese Lehre vom Engel ist arm-selig. So ähnelt auch die eschatologisch-messianische Funktion des Engels (auf deren Bedeutung noch zurückzukommen sein wird) der Funktion der Bewahrung der Phänomene der Darstellung der Ideen, die der Philosoph erforscht, erinnert, wiederholt. Diese Angelologie widersteht der großen östlichen Tradition: der himmlischen, unmittelbar göttliche Macht vorstellenden Hierarchie, dem Engelchor, der unmittelbar Symbol der Sakramente und der Organisation der Kirche ist. Hier bekennt der Engel eher seine Unvollkommenheit: unsterblich, aber in der Vergänglichkeit und Endlichkeit aller seiner Momente; er selbst unkundig des Prinzips, das er doch liebt und den Gläubigen zu lieben lassen sucht. Engel, die unlösbar mit dem Wandel der Völker und der Menschen verbunden sind, die dazu verurteilt sind, Freud und Leid mit ihnen zu teilen, Hüter, die niemals ruhen und dennoch beinahe ohnmächtig sind – Engel, die dem Menschen so ähnlich sind, daß sie oft als *gefallene* Engel bezeichnet werden. Im talmudischen Zeitalter singen nur Michael und Gabriel unentwegt das Lob Gottes. – All die anderen brechen in ihren Gesang nur einen Augenblick lang ein, und dann verschwinden sie wieder. Der neue Engel von Benjamin ist die extreme Figur dieser Tradition der Angelologie, für welche der Name des Engels immer und immer stärker in die Dimension unseres Sagens verwoben ist, unseres möglichen Sagens, „sprachlich gebunden". Er ist immer mehr Gefährte unserer Vergänglichkeit, immer weiter von Gottes Antlitz entfernt, immer mehr unserer Katastrophe zugewandt: ein Engel, der uns zugewandt ist. Nichtsdestoweniger ist er Engel, *trotz allem*: in seiner Gestalt bewahrt sich das Problem der Darstellung. Er ist die Form, in der – in der Zeit des Elends – die Gegebenheit der Idee im Namen sich ergeben kann. Es handelt sich noch um den Engel, auch wenn er augenblicksweise immer wieder wankt. Also stellt er dar. Und die Darstellung kann auch, indem sie Rettung der Phänomene ist, das eschatolgisch-messianische Motiv bewahren. Der Engel ist Name: unserer Vergänglichkeit zugewandt, hört er trotzdem nicht auf, darzustellen. Er ist dem Allegorischen so tief verbunden, daß er die Vergänglichkeit mit uns teilt. Trotzdem gibt der Engel das Problem der Darstellung nicht auf. Im Gegenteil: er bezeugt dessen intakte („unschuldige") Gegenwart. Und nur jetzt ruft das allegorische ‚Spiel' echte Trauer hervor: denn es führt das Problem der Darstellung ins Zentrum zurück, ins Herz, es forscht im Engel nach dem symbolischen Wert des Namens – und *hier*, nicht bei einfacheren Landungen, erleidet es Schiffbruch.

Aber welche Idee stellt sich nun im Namen des Engels dar? Welche Idee erläutert er? Die Darstellung der Idee, die im Namen des Engels stattfindet, müßte den jeder Darstellung eigenen eschatologisch-messianischen Wert ausdrücken. Der Engel stellt den Wert der Repräsentation dar: er verleiht der „Rettung der Phänomene" die Bedeutung, die diesem Ausdruck eignet. Tatsächlich ist er genau in diesem Sinn Engel: er läßt die Phänomene aus ihrem Schein entkommen (Exegese-

Exodus), aus der Sklaverei der Buchstaben. Er entzieht sie ihrer unmittelbaren Gegenwart, um sie ihrer Wahrheit entsprechend darzustellen. Daher läßt er ihnen Gerechtigkeit widerfahren (das Thema der Beziehung zwischen Recht und Gerechtigkeit, das bei Benjamin so wesentlich ist, kommt auch in diesem Zusammenhang vor).[7] Die Hermeneutik beurteilt die Aussage auf Rechtmäßigkeit. Aber die Exegese, die sich im Engel darstellt, sucht hingegen, ihrem *Namen* Gerechtigkeit geschehen zu lassen. Aber dieser Engel ist der neue Engel; er bleibt dem Wert und dem ewigwährenden Problem der Darstellung treu. Insgesamt ist er aber der Flüchtigkeit zugewandt. Wie kann der Begriff der Exegese für diesen Engel erklärt werden? Wie könnte seine Figur tatsächlich auf Wahrheit ‚zurückkommen' lassen, die Phänomene an der ewigen Konstellation der Ideen ‚orientieren'? Dieser Engel ist einer Exegese der Zeit *mächtig*; Exegese: darstellen, aus dem Verborgenen hervortreten lassen, aber auch befreien. Dieser Engel *kann* die Zeit aus ihrer scheinbaren Dimension erlösen, aus ihrer „offenkundigen profanen Bedeutung". Stellen wir uns also diese Exegese vor.

Im ‚esoterischen' Fragment von Ibiza finden wir grundlegende Passagen dieser Angelologie wieder, auf die wir früher Bezug genommen haben. Der neue Engel singt *einen Augenblick* lang das Lob des Ewigen; sein flüchtiger Charakter hindert ihn nicht, zu singen und das Ewige zu besingen. Und trotzdem ist dieser Gesang nicht unbedingt theophanische Vision. Der Engel stellt nämlich dar, indem er *teilt*; sein Name verwandelt sich in den des Anklägers. Indem er das Elend, das Leid, die Trennung von der Geliebten spüren läßt, stellt er auf die Probe. Aber es ist, als ob sich dieser Grundzug der Trennung zutiefst im Gesang niederschlüge: und hierin reift *in aller Unterschiedlichkeit* eine unbezwingbare Kraft der Erwartung, eine unbeugsame Geduld.[8] Die Funktion des neuen Engels scheint genau darin zu bestehen, zur Erwartung zu erziehen und zur unendlichen Geduld in der Sehnsucht nach dem Namen: „ihre Schwingen ähneln denen des Engels". Im selben

Augenblick, in dem er scheidet oder gerade in seiner Flüchtigkeit den Unterschied zum Ewigen, dessen Lob er singt, darstellt, stellt die Figur des Engels auch die unbezwingbare, unbeugsame Kraft der Erwartung dar – einen Eros der Geduld; in dem sich die Sehnsucht danach wiederholt, dem symbolischen Primat des Wortes Gerechtigkeit widerfahren zu lassen. Liebende dieser Liebe, der Engel ist auf unserer Seite; er stellt Trennung und Gegenwart *in einem* mit dem Erwarten dar, das uns in die Zukunft führt, die sein Vergangenes ist. Denn er hat, wenn auch nur *im Augenblick*, das Ewige besungen. Auch in der Flüchtigkeit, in der Vergänglichkeit kann das Phänomen „gerettet" werden. Auch in der Armseligkeit des Scheidens kann ihm der Name aufgegeben werden. Diese „schwache messianische Kraft", die uns zugestanden wird, stellt sich im Engel dar: nicht nur Scheiden, nicht nur Unterschied, sondern *Exegese* des Unterschiedes, Geduld und Erwartung der Exegese. Der Engel erzieht dazu, er vermag dies zu tun: denn er ist vergänglich, aber *vollkommene* Vergänglichkeit, die das Ewige besungen hat und daher für uns diese schwache Kraft bewahrt: daß auch in der Vergänglichkeit jener Gesang nachhallen kann. Aber wie kann es geschehen? Welche Form kann es in unserer Zeit, in dieser Zeit unendlicher Erwartung dessen, was die Exegese erwartet, annehmen: die Begegnung mit dem Namen, mit dem geprüften Wort, geprüft auf das Primat des Symbols?

Der Engel ist Exeget der Zeit: Er repräsentiert eine Dimension der Zeit, der noch eine *schwache symbolische Kraft* zugestanden wird. Es bestünde kein Problem des Engels, wenn sich zwischen Symbol und Allegorie ein einfacher Abgrund erstreckte. Man begreift die Beziehung zwischen den zwei Dimensionen weiterhin so, als ob sie sich in einer ‚progressiven' Zeit stabilisierte, die irreversibel von einem zum anderen führt. Aber der Engel allegorisiert das Symbol, indem er symbolisch das Allegorische darstellt. Kein Vermittler, kein ‚Pontifex', sondern Name ursprünglicher symbolischer Spannung, die die unendliche Differenz zwischen Allegorie und Symbol

‚versöhnt'. Engel, aber Engel der Geschichte – Geschichte, aber Geschichte im Namen des Engels. In seinem Namen hört Geschichte auf als Kontinuum zu gelten, als Zeitrechnung des immergleichen permanenten Durchgang-Übergangs von Gegenwart zu Gegenwart, homogen und leer. Die Zeit der Darstellung (Darstellung *der Ideen*) kann nicht jene einer „Hure des ‚es war einmal', eines „Bordells des Historismus" sein. – Darstellung ist Darstellung einer Idee von Zeit, die von der *Universalgeschichte* des Historismus befreit, erlöst ist, von ihrem Fortgang, von dem Moment an Moment reihenden Fortschreiten. Nicht daß der Engel ek-statisch dem Kontinuum entweicht, er faßt jene Begebenheiten als „eine einzige Katastrophe" auf; „er möchte wohl verweilen, die Toten wecken und das Zerschlagene zusammenfügen", er hält „eine geheime Verabredung" mit den vergangenen Generationen, repräsentiert jene schwache messianische Kraft, die wir als Mitgift haben und „an welche die Vergangenheit Anspruch hat". In diesem Namen wird die Idee der Möglichkeit, Manns genug zu sein, das Kontinuum „aufzusprengen" und der homogenen und leeren Zeit der simplen Begebenheiten zu entwischen, selbstdurchsichtig. Auch die berühmten revolutionären Klassen entstehen aus dem Bewußtsein dieser Möglichkeit. – Denn sie hauchen dem Fest-tag Leben ein, den fest-stehenden Tagen, die den Fluß anhalten und ihn gemeinsam rekreieren.[9] Die ‚normale' Vorstellung von Zeit ist für uns die einer linearen Dauer und des irreversiblen Verbrauchs. Sie ist eine entropische Vorstellung. Aber der ‚Revolutionär' ist sich dessen bewußt, daß die Zeit deswegen zur Katastrophe verdammt ist. Der Entropie und ihrer Mechanik steht der *ek-tropische* Moment entgegen, ein Moment, in dem man nicht von Zustand zu Zustand übergeht und immer größere Mengen an Energie verbraucht, sondern in dem man neue Energie gewinnt, in dem die Umwandlung Re-kreation und nicht einfach Verbrauch bedeutet. In dieser Zeit findet ein ‚ewiges' Bild des Vergangenen keinen Platz. Das Vergangene ist nicht vollkommen ‚Zustand-Gewesenes', es ist noch in-securus (un-sicher), es kann mit „Funken der Hoffnung" aufwachen, Gerechtigkeit fordern. Das Vergangene stellt sich in der Form eines unwiderstehlichen Erwartens dar. Daher ist das Antlitz des Engels nur scheinbar dem des alten *Janus ähnlich*. Für den Janus-Symbolismus ist die Zeit noch nihilistisch zu begreifen: als Nichtmehr der Vergangenheit, der man sich wieder zuneigt, und Noch-nicht der Zukunft, als bloßes Nicht-Dasein der Gegenwart (im Hebräischen und Arabischen fehlt diese letzte Verbalform). Wenn der Janus-Symbolismus (wie jeder Symbolismus) nicht am linearen Kontinuum der Dauer teilhat, gehört er trotzdem dem zyklischen, astrologischen Kontinuum des Mythos an. Der Mythos ignoriert die Irreversibilität des Kontinuums, aber auch die Dimension des Tigersprunges aus dem Kontinuum, die Dimension des ek-tropischen ‚Exzesses'.

Die Zeit des Engels ist eine neue Zeit. Von dieser erforscht man unaufhörlich die *richtige* Darstellung: von einer nicht notwendig vergänglichen, aber voll gegenwärtigen, als Unterbrechung gegenwärtigen Zeit, als Anhalten des Kontinuums, als *Jetzt-zeit*. Es ist durchaus gerechtfertigt, die Benjaminsche Jetzt-zeit mit dem Buch über das Trauerspiel dort in Zusammenhang zu bringen, wo es dem mystisch-symbolischen *Moment* widersteht.[10] – Und doch ist die Jetzt-zeit nicht nur Symptom des Verfalls ins Allegorische; sie drückt jenes Erinnern des Symbolischen im Allegorischen (das Symbolische ist in dieser Erinnerung gegenwärtig-abwesend) aus, das aus bloßem Spiel (aus unendlichen Variationen seiner Regie) ein Trauer-Spiel macht, das heißt ein ‚Spiel', das sich in der Trauer um jene Abwesenheit erleuchtet. Im Jetzt geht unsere Zeit zugrunde (Katastrophe ohne Epistrophe), doch dieses Zugrundegehen ist auch Einhalt, Pause, Unterbrechung des Kontinuums, ist dem Nihilismus der Dauer entzogene Gegenwart, wie schwach sie in ihrem „Stillstand" auch sein möge. Die Jetzt-zeit ist genau in dem Maß allegorisch, als sie das einzige „Modell" messianischer Zeit darstellt, das unseren schwachen Kräften zugestanden ist. Diese Kraft repräsentiert sich vielmehr genau im Darstellen jener Dimension der Jetzt-zeit, besser: im Er-lösen der *Jetzt-zeit* aus ihrer offenkundig profanen Bedeutung, darin, sie zu transzendieren, nicht darin, sie zu verkleinern. Gewiß geht es nicht darum, die Ewigkeit im Moment (movere, movimentum) zu begreifen-besitzen, aber auch nicht darum, das Problem der Darstellung in einer unmittelbar allegorischen Vergänglichkeit zu lösen. Denn die *Jetztzeit rettet* vor/aus dem Kontinuum und, indem sie die Momente ihrer offenkundigen Bedeutung bloßen Fließens entzieht, ermöglicht sie, daß jede „Sekunde, die kleine Pforte, durch die der Messias treten konnte" erscheint. Das Ewige (dem Wesen der Idee der Darstellung zufolge) wird nicht als Erkenntnisobjekt besessen, aber es kann *sich* darstellen. Die Dimension der Zeit, in der es sich darstellen kann, ist jene der Jetztzeit als Anhalten des Kontinuums, als ‚Exzeß' gegen die Dauer, als *Augenblick*. Jene Dimension führt Rosenzweig in seinem Kommentar des *Aber* ein, das am Ende des 115. Psalms nachhallt. – „Aber, dies siegende Aber" – *aber wir*, wir in der Zeit der Katastrophe vollkommen Hinfälligen, *auch wir* sind imstande, im Choral zur Lobpreisung des lebenden Gottes zu gelangen, *auch wir* können im Augenblick in das Lob einstimmen, in das gleiche Lob des neuen Engels.[11] Am Höhepunkt der ‚Szene' der Idolatrie der Heiden (und Idolatrie ist in erster Linie Idolatrie des „es war", des unerlösbaren Zustand-Gewesenen) hebt der Gesang (Schrei) der Lebenden an den Lebenden an. Und die Lebenden streben allüberall in der scheinbar vollendeten Vergangenheit, im scheinbaren Tod, in den Trümmern, nach Funken des Lebens, so wie Eros in der *Vorrede* das archaische Symbol begehrt.

Im Augenblick stellt sich die Zeit ihrem ursprünglichen Charakter des Wortes entsprechend (in der Benjaminschen Bedeutung des Wortes ‚Ursprung') dar: Tempus von temnein, nicht absolute Zeit, sondern Ausschnitt, Fragment, das losgelöst von immerwährender Kontinuität ist. Diese Dimension von Zeit, die im Ausschnitt des Augenblickes *enthalten* ist, scheint jene des Ewig-Aevum-Aion als unvergleichliche, unteilbare Dimension, als Hodie, als ewiger Tag absolut zu kontrapunktieren. Aber dieser Gegensatz, der aus dem Ewigen ein Ab-solutum von Zeit macht, verliert den konkreten Gehalt der Polarität dieser Dimensionen (genau wie die absolute Unterscheidung des Allegorischen vom Symbolischen die Idee des *Trauerspiels* verlieren würde). Schon die große Scholastik (die hebräische, christliche und islamische) beschränkt sich nicht darauf, dem Nunc, das in sich *stans* des Göttlichen ist, das Nunc fluens der in einer Kette von Momenten ‚gefallenen' Kreatur gegenüberzustellen, sondern sie fügte dort ein *Nunc instantis*[12] hinzu, die Dimension einer *vorläufigen Zwischenzeit*, die in ihrer Fülle so vorläufig, aber auch so gegenwärtig ist, daß sie als Moment der Zeit kaum bemerkt werden kann und dennoch gerade deswegen *vollkommen* vergänglich ist. Eine Dimension völliger Vergänglichkeit: der vorläufigste Moment koinzidiert mit dem Augenblick, der *bleibt*, der das Kontinuum aufsprengt. Dieses Nunc des Instans führte die Fäden eines vorläufigen Eindringens des Göttlichen in das Fließen der Zeit der Kreatur. Auch die kleine Pforte des Messias ähnelt dieser vorläufigen *Zwischenzeit,* die in ihrem Huschen weder ab-solut noch zum Fließen bestimmt ist, sondern sich an die beiden Dimensionen hält. Ein ‚Halten' (epoche), das ihre untrennbare Polarität darstellt; nicht das ‚Halten' der Brücke oder des Symbols im eigentlichen Sinn, genausowenig ist es dialektische Synthese (jener „Balsam" der „allseitigen Vermittlung", die Schelling besungen hat), sondern noch Darstellung der Spannung, Beachtung des Symbolischen, das dem Raum des Allegorischen in all seiner vergänglichen Wahrheit Gerechtigkeit geschehen läßt.

Das Ewige löst sich nicht im Historischen, das Historische verweilt nicht endgültig im Nunc stans, sondern *im Augenblick*. Die zwei Dimensionen können sich *als unendlicher Unterschied gemeinsam* darstellen. Die messianische Möglichkeit trifft bei Benjamin mit der Möglichkeit dieser Darstellung zusammen. In der christlichen Theologie neigte sie dazu, sich im triumphalen *Kairos* der Menschwerdung Gottes in Christus, des *Ewigen* in der Zeit, zu lösen: unvorhersehbarer, unberechenbarer und doch erfüllter und entschiedener Kairos; ein Nunc instantis, das uns jetzt und für immer Wiedergeburt und Reich gab. Bei Benjamin ist es mit Sicherheit nicht möglich, das Exil zu verlassen, die Unterscheidung rückgängig zu machen, die in dieselbe Sphäre des Göttlichen eingedrungen ist: das Drama, das diese göttliche Sphäre in diese Unterscheidung hineinverwickelt hat, scheint beinahe ein Archetyp des kreatürlichen Trauerspiels zu sein. Aber im Augenblick, der *epoche* macht, der das Fließen der Momente unterbricht, in diesem Augenblick ist es möglich, die Funken der Hoffnung „ans Herz zu legen", die Spuren, die „Reste", die im Bereich der Kreatur Erlösung, Namensgebung erwarten; in diesem Augenblick ist es möglich, „die Geschichte gegen den Strich zu bürsten"; in diesem Augenblick ist es möglich, zu verstehen, wie die radikale Unvollkommenheit der Welt, auf der Rosenzweig so sehr besteht, nicht die bloße Verzweiflung wegen der Trümmer, sondern die Kraft ist, die in den Dingen in all ihrer Vergänglichkeit jene Funken erwecken kann. Es gibt die vorläufige Zwischenzeit eines Ja, das stärker als die Katastrophe ist, jenes Aber, das die Idolatrie des homogenen und leeren Kontinuums demaskiert. Schwaches und immer schiffbrüchiges „Tikkun" – aber doch befreit *es* uns von den ewigen Bildern des Vergangenen, von den Bordellen des Historismus und vom äquivoken Faszinosum der Weissager, indem es die authentische Vorstellung von Prophetie bewahrt; nicht als Vision dessen, was kommt, sondern als Rettung jedes Moments in seiner Möglichkeit, als messianischer Augenblick zu währen, als unerschöpfliche Suche der Darstellung des symbolischen Primats des Wortes, die selbst am Gipfel des Allegorischen, inmitten seiner Ruinen, eschatologischer Vorbehalt angesichts jedes Ereignisses ist, stark genug, uns von jedem ‚Zustand-Gewesenen' und von jeder *Chrono*-latrie zu befreien.

Anmerkungen
[1] Die Benjamin-Zitate wurden dem *Ursprung des deutschen Trauerspiels*, WA Edition Suhrkamp, Band I, 2. Teil, 1982; *Über den Begriff der Geschichte*, WA Edition Suhrkamp, Band I, 2. Teil, 1982 entnommen.
[2] Bezüglich der Beziehungen zur Philosophie vgl. meinen Aufsatz *Di alcuni motivi in Walter Benjamin*, erschienen in *Nuova Corrente*, 57, 1975, der einer Tendenz folgt, die sich von der vorliegenden Arbeit unterscheidet.
[3] Über das Thema „Zivilisation der Vision" hat K. Kerenij in *Die antike Religion* Grundlegendes geschrieben. *La religione antica*, ital. Ü.: Rom 1951. Über die Beziehung zwischen Vision und Hören entwickelt sich eine der faszinierendsten Auseinandersetzungen zwischen der hebräischen und der christlichen philosophischreligiösen Tradition, der „romantischen" Tradition (im Hegelschen Sinn) im Rahmen zeitgenössischer Kultur.
[4] Die Idolatrie des *Erkennens* – ihr unersättlicher Hunger nach ‚Gestalten', ihre bloße Neugier, die sich selbst im Historisch-Zeitlichen erlöst – ist das, was Rosenzweig in all seinen Arbeiten nach *Hegel und der Staat* preisgibt. Vgl. dazu Rosenzweigs überraschenden Brief an Meinecke vom 30. 8. 1920, in: F. R., *Briefe und Tagebücher*, Band II, S. 678-682, Den Haag 1979.
[5] Im Fehlen gnostischer Suggestionen kann man eines der deutlichsten Unterscheidungsmerkmale zwischen Benjamin und Ernst Bloch ausmachen. In ihrer aktuellen Forschung haben sowohl F. Desideri (*W. B. Il tempo e le forme*, Rom 1980) und G. Schiavoni (*W. B. Sopravvivere alla cultura*, Palermo 1980) auf dem grundsätzlichen Gegensatz im theoretischen Ansatz beider Denker bestanden.
[6] In das Problem des Engels könnte es keine bessere Einführung geben als jene, die in H. Corbin, *Nécessité de l'angélogie* in AA. VV., *L'Ange et l'homme*, Paris 1978, geben.
[7] Vgl. dazu meinen Aufsatz *Diritto e Giustizia*, in *Il Centauro*, 2, 1981.
[8] Hier ergibt sich die vielleicht tiefste Übereinstimmung zwischen Benjamin und Kafka: für Kafka erschien die Ungeduld als *die* Sünde. Bataille und Blanchot verfaßten diesbezüglich unvergeßliche Zeilen, die ich in *Icone della Legge*, Mailand 1985, kommentierte.
[9] Zum Thema Fest vgl. die gesammelten Essays in: M. Cacciari (Hrsg.), *Crucialità del tempo*, Neapel 1980, darunter besonders jene von G. Franck und M. Bertaggia.
[10] Vgl. F. Desideri, op. cit., in der *Einleitung* und im Musil-Kapitel.
[11] F. Rosenzweig, *Der Stern der Erlösung*, Frankfurt am Main 1930, 2. Teil, S. 210 ff.
[12] Vgl. E. Przywara, *Zeit, Raum, Ewigkeit*, in AA. VV., Zeit und Ewigkeit, Padua 1959, und E. Grassi, *Apocalisse e storia*, in AA. VV., *Apocalisse e insecuritas*, Mailand-Rom 1954.
[13] Um zu verstehen, wie sich das Problem der Erlösung bei Benjamin im Zustand äußerster Spannung und Aufmerksamkeit in der Tradition der jüdischen Religion ansiedelt, ist die Lektüre von G. Scholems *Die Kabbalah und ihr Symbolismus* und *Zum Verständnis der messianischen Idee im Judentum*, in Judaica I, Frankfurt am Main 1977, wesentlich.

Biografie

Massimo Cacciari wurde 1944 in Venedig geboren und zählt seit vielen Jahren zu den Protagonisten der philosophischen und kulturellen Erneuerungsdiskussion in Italien. Er ist Mitbegründer und Mitherausgeber von Zeitschriften wie „Angelus Novus" (1964), „Contropiano" (1968), „Laboratorio Politico" (1981) und „Il Centauro" (1981). Cacciari zeichnete als Herausgeber für die italienische Ausgabe vieler grundlegender philosophischer und literarischer Werke des 20. Jahrhunderts (Hartmann, Simmel, Lukacs, Hofmannsthal u. a.) verantwortlich.

Die wichtigsten seiner bisher publizierten Werke sind: *Metropolis*, Rom 1973; *Krisis*, Mailand 1976, bereits in der 8. Auflage; *Pensiero negativo e razionalizzazione* (Negatives Denken und Rationalisation), Venedig 1977, 2. Auflage; *Dialettica e crisi del Politico. Saggio su Hegel* (Dialektik und politische Krise. Versuch über Hegel), Mailand 1978; *Dallo Steinhof. Prospettive viennesi dell'inizio del secolo* (Vom Steinhof. Wiener Ansichten des beginnenden Jahrhunderts), Mailand 1980; *Icone della Legge* (Ikonen des Gesetzes), Mailand 1985, 2. Auflage; *L'Angelo necessario* (Der notwendige Engel), Mailand 1986.

Die beiden zuletzt erschienenen Bücher von Massimo Cacciari stehen in einem sehr engen Zusammenhang mit der Problematik, die in den Essays von *Zeit ohne Kronos* behandelt wird.

Neben seiner philosophisch-kritischen Arbeit beschäftigt sich Cacciari auch immer mit Problemen künstlerischer Arbeit. Dies vor allem durch die und in der Zusammenarbeit mit Künstlern wie Emilio Vedova, Luigi Nono u. a.

Für Luigi Nono stellte er Textcollagen zusammen, die die Basis der letzten Kompositionen dieses großen Komponisten bildeten: *Das atmende Klarsein*, 1981; *Io – Frammento dello Prometeo*, 1982; *Diario polacco*, 1983; *Guai ai gelidi mostri*, 1983; und zuletzt das große musikdramatische Werk Nonos:

Prometeo, das 1984 bei der Biennale in Venedig seine Uraufführung erlebte und im Herbst 1985 in Mailand beide Male in einer Scala-Produktion realisiert wurde. Der Text dieses letzten Werkes reflektiert dieselbe philosophische Problematik wie *Zeit ohne Kronos.* *Zeit ohne Kronos* könnte fast wie eine Einführung in den Problemkreis verstanden werden, der im *Prometeo* von Luigi Nono musikalisch eindrucksvoll behandelt wurde.